아
빠
가

딸
에
게

아빠가 딸에게

김태경 글

프롤로그

언젠가 TV에서 〈이번 생은 처음이라〉라는 드라마를 한 적이 있다. 나는 이번 생을 살면서 내가 겪은 하나하나의 일들이 처음이었고 그러기에 나에게는 모든 것들이 생소하기만 했던 것 같다.

나는 이번 생을 살면서 많은 실수도 그리고 많은 실패도 해 봤다. 하지만 나는 한 아내의 남편으로 사는 것과 한 아이의 아빠로 사는 것만큼은 실패하기 싫었다.

때로는 한 아내의 남편으로 부족한 점도, 한 아이의 아빠로 부족한 점도 많았음을 시인한다. 하지만 이처럼 부족한 점이 많았음에도 불구하고 실패하기는 싫었다. (부족한 것과 실패는 차이가 있지 않겠니?)

사랑하는 내 딸아!
아빠는 언제부턴가 이런 꿈이 생겼다. 우리 딸이 훌쩍 커서 엄마 아빠처럼 한 가정을 이루기로 결심하면, 아빠는 우리 딸에게 "엄마 아빠처럼 서로 사랑하며 살아라."라고 자신 있게 말할 수 있는 아빠가 되는 것이다.

하지만 이 말이 얼마나 어려운 말인지 아빠는 잘 안다. 왜냐하면, 지금까지 우리 딸은 엄마 아빠가 살아오는 과정들을 옆에서 지켜보며 자라 왔고, 그러기에 누구보다 엄마 아빠가 살아온 과정들을 잘 알고 있기 때문이다.

사랑하는 내 딸아!
그럴지라도 아빠는 우리 딸에게 감히 말한다. 너희들이 한 가정을 이루면 너희들도 **"엄마 아빠처럼 서로 사랑하며, 엄마 아빠처럼 너희들을 닮은 아이와 행복하게 살아라."**

목차

프롤로그 ... 4

1장 처음

처음처럼 ... 14
이야기를 시작하며 ... 16
엄마와 아빠의 처음 ... 17
여보! 우리 이런 부부가 됩시다. ... 18
최선 ... 20
너의 존재를 처음 알게 된 날 ... 21
아빠가 우리 아기에게 고백할 것은 ... 23
주말부부 ... 25
님바라기 ... 26
바람 ... 28
존재의 이유 ... 30
처음인 마지막 ... 32
사랑하는 내 아내에게 ... 34
익숙한 것에 더 신중해야 되는 이유 ... 36
앨범을 마치며 ... 38
사랑하는 내 딸아! ... 40

2장 만남

만남 ... 42
10월 15일 0시 15분 ... 43

첫 만남 1	… 44
첫 만남 2	… 45
아빠가 되는 건 처음이라	… 46
아빠가 된다는 것	… 48
하나님 이런 딸이 되게 하소서!	… 50
우리 딸이 집에 처음 온 날	… 53

3장 사랑하는 딸에게

사랑하는 딸에게	… 56
서로 사랑하며 살아라.	… 58
일관성 있는 행동을 보여라.	… 60
일관성	… 61
아이와 많이 놀아 줘라.	… 62
인생의 팁	… 64
좋은 표현은 많이 하면 할수록 좋다.	… 65
같은 취미를 가져라.	… 67
위만 바라보지 마라.	… 69
살다 보면	… 70
세상을 살다 보면	… 71
꿈을 강요하는 부모가 되지 마라.	… 72
아빠의 꿈	… 74
사랑하는 우리 딸에게!	… 75
아빠의 행복관	… 77
믿음	… 79
너무도 눈부실 그날	… 81

넌 알고 있니?	… 84
보물	… 86

4장 시련

시련	… 88
퇴사	… 89
아산역 앞 은행나무 한 그루, 그중 이파리 하나	… 90
아산역 앞 은행나무	… 93
1997년	… 96
언덕 1	… 98
언덕 2	… 100
사랑하는 내 딸아!	… 102
세상을 살다 보면	… 103
담금질	… 104
길	… 105
오늘	… 107
오늘이란 시에 대하여	… 110
하나님의 축복	… 112

5장 성장

성장	… 116
우리 딸의 성장 이야기	… 117
우리 딸 신기하다.	… 118
변화	… 120

천만다행이다. ··· 123
첫돌 ··· 125
돌잔치 ··· 127
아가의 꿈 ··· 128
재롱꾸러기 ··· 130
목욕하는 시간 ··· 132
목마 ··· 134
재롱잔치 ··· 136
재롱잔치 사진을 보며 ··· 138
부채춤 ··· 139
유치원 졸업식 ··· 141
국민학교와 초등학교 ··· 143
정체성 1 ··· 145
정체성 2 ··· 147
정체성 3 ··· 148
성장통 ··· 150

6장 공감

공감 ··· 154
5월 ··· 155
우리 아빠는 과일 장사 ··· 157
아빤 왜 하필 과일 장사야? ··· 158
그리고 어느 날 ··· 159
그 이후 ··· 161
아빠가 우리 딸 시점에서 글을 써 봤다. ··· 162

7장 사랑

사랑 만들기	… 166
에피소드	… 168
이익을 남기는 삶(사랑의 법칙)	… 170
나는 장사꾼이다.	… 172
사랑과 돈의 공통점	… 173
너란 놈은	… 175
나란 놈은	… 177
흔적	… 179
사랑하는 내 딸아	… 181

8장 행복

행복	… 184
행복에 대하여	… 186
아빠의 엊그제	… 188
표현	… 190
모든 것이 내 복이지 뭐!	… 192

9장 관계

관계	… 196
우리두리	… 197
우리서이	… 199
엄마가 없는 우리 집	… 201

아내가 없는 우리 집 … 203
우리 집 풍경 … 205
물 … 207
가맥집에서 … 209
동행 … 210
함께 … 212
다리 묶어 달리기 … 214
동행이 되어 준 사람들 … 216

10장 소통

소통 … 220
소통하기 위해서는 … 221
너와의 처음 대화 … 222
우리의 소통법 … 223
소통의 방법 … 225

에필로그 1 … 228
에필로그 2 … 230

1장
처 음

엄마 아빠의 사랑 이야기

처음처럼

처음이어서 어색하고
처음이어서 낯설고
처음이어서 서툴고
처음이어서 불편하다.

하지만
처음이어서 새롭고
처음이어서 설레고
처음이어서 신선하고
처음이어서 조심스럽다.

우리가 살아가며
어색하고
낯설고
서툴고
불편했던 처음들이
익숙함으로 변해 가도
우리는 언제나
처음처럼 사랑하고

처음처럼 배려하고
처음처럼 존중하며
그렇게 처음처럼 살아가자.

세월이 흘러 먼 훗날
우리의 처음들이
맛깔나게 익어 가도
우리가 느낀 처음의 감정들을
가슴에 담아 두고 살아가자.

그리고 우리에게 다가오는
또 다른 처음들을
기대하며 살아가자.

이야기를 시작하며

나는 지금부터 처음을 이야기하려 한다.
엄마 아빠의 처음과 우리 딸과의 처음들
모든 것들이 가슴 설레고 모든 것들이 기대되지만

한편으로는 모든 것들이 낯설고 모든 것들이 어색했던 것들 태반이다.

세월이 흘러 먼 훗날, 내가 겪은 처음들이 우리 딸에게는 맛깔나는 기억으로 남았으면 하는 바람이 크다.

그리고 내가 맞이하는 새로운 내일도 그 속에 엄마가 있고 우리 딸이 있고 또 다른 우리가 섞여 들어와도 때로는 어색하지만 가슴 설레고, 때로는 낯설지만 기대할 만한 일들이기 바란다.

엄마와 아빠의 처음

엄마 아빠는 초등학교 동창이었다. 하지만 엄마 아빠는 초등학교 때는 서로의 존재를 알지 못했다.

아빠가 엄마의 존재를 알게 된 건 고1 때 교회에서였다.

엄마는 곱슬머리에 머리카락을 양 갈래로 땋고 다녔다. 그래서 아빠는 엄마를 삐삐라고 놀렸었다. (당시 삐삐는 TV 프로에서 아주 인기 있었던 미드였다.) 지금 생각하면 엄마를 놀렸던 건 그만큼 엄마에게 관심이 있어서 그랬다는 생각이 든다.

대학에 진학해서는 교회에서 청년회장과 임원으로 활동하며 엄마를 마음에 품기 시작했다. 휴학하고 군에 가기 전에는 아빠 수첩엔 엄마 사진이 끼워져 있었다. 그리고 언제부턴가 아빠의 기도 제목은 엄마와 하나님 안에서 작은 에덴을 만드는 것이었다.

아빠가 신앙생활을 하며 가장 확실한 기도 응답은 엄마와 작은 에덴을 만든 것이란다.

여보! 우리 이런 부부가 됩시다.

마음속에 있는 감동을 숨기지 말고
조그마한 감동이라도
키우고 키워서
열 배 백배의 기쁨으로 승화시키는 부부가 됩시다.

마음속에 있는 서운함은
숨겨서 병을 만들지 말고
조심스럽게 꺼내 놓고
서로에게 상처 없이 치유하는 지혜로운 부부가 됩시다.

내가 할 수 있는 최선으로
당신에게 베풀고
당신이 할 수 있는 최선으로
나에게 베풀어
최선을 다해 서로를 섬기는 그런 부부가 됩시다.

먼 훗날,
우리의 모습을 보고 자란
우리를 닮은

우리 아기가
우리의 모습으로
또 다른 출발을 준비할 때

여보!
우리 이렇게 말해 줍시다.

"사랑하는 아이들아!"
"너희들도 엄마 아빠처럼 서로 아껴 주고 사랑하며 살아라."

최선

최선이란 단어는 너무도 추상적이다.
그래서 최선이란 단어 뒤에는 자기 합리화가 숨어 있다.
때로는 자기 스스로가 최선이라 생각하며 자기 위안으로 삼을 때도 있고 때로는 최선을 알아주지 않는 상대방 때문에 마음 상할 때도 있다.

뒤늦게 알았다.
나의 최선을 알아 달라고 하는 것은 이미 최선이 아니라는 걸. 최선은 내가 당연히 해야 할 일들을 변함없이 하는 것이 최선이라는 걸.

위의 시에서 최선을 다해 서로를 섬기는 부부가 되자고 했다. 하지만 내가 최선을 다한 일이라 해도 상대방이 그것을 최선으로 받아들이지 않을 때도 있고 상대방의 최선이 나에게는 그리 마음에 들지 않는 일일 수도 있다는 생각이 들었다. 사실 최선이란 단어는 너무도 추상적이고 자기중심적인 단어이기 때문이다.

이러한 사실을 많은 시간이 지나서야 깨달았다. 아니 아직도 문득문득 잊어버리고 속상해하고 서운해할 때도 있는 것 같다. 하지만 처음 같지는 않다. 설령 상대방이 나의 최선을 알아주지 않아서 서운한 기분이 들다가도 이제는 그럴 수도 있지, 라고 생각하며 마음을 고쳐 잡을 수가 있게 되었기 때문이다.

너의 존재를 처음 알게 된 날

　엄마가 아빠에게 너의 존재를 처음 알려 준 날은 1997년 1월 18일(토요일)이었다. 그날 아빠는 출근해서 사무실에 있었다. (당시만 해도 주 5일 근무가 정착되기 전이었다.)

　엄마에게 전화가 왔다.
　"여보! 확실하지 않은데 이야기해도 되나?" 전화 속 엄마의 목소리는 조금 긴장된 목소리였다.
　아빠는 떨리는 듯한 엄마의 목소리에 혹시 또 어디가 아프거나 한 건 아닌가 하는 걱정이 되었다. (엄마는 그때 몸이 많이 약했다.) 하지만 아빠는 최대한 차분한 목소리로 "무슨 일인데?"라고 물었다.
　엄마는 여전히 긴장된 목소리로 "아직은 확실하지 않아서……."라며 말끝을 흐렸다.
　아빠는 궁금하기도 하고 불안하기도 해서 "지금 이야기해."라며 대답을 재촉했다.
　엄마는 한참 뜸을 들이다 "당신 아빠 될지도 몰라."라고 말을 하는 것이다.
　엄마는 생리가 올 때가 됐는데 오지 않아 임신 테스트 시험지로 테스트를 했다는 것이다. 그 결과 임신 양성반응이 나왔다고 한다.

'내가 아빠가 된다고?'

  아빠는 좀 생소하고 기분이 이상했다. 하지만 엄마의 반전 같은 이야기에 너무 기뻤다. 이날 아빠는 예쁜 장미 한 다발을 사 들고 집에 들어갔다. 그리고 그날 밤 엄마 배에 귀를 대고 무슨 소리라도 들어 보려 했다. 하지만 아직 조그만 점으로 존재하고 있는 우리 아기는 아무 소리도 없이 고요하기만 했다. 지금도 이 순간이 아빠는 어제인 듯 기억에 선하구나.

아빠가 우리 아기에게 고백할 것은

아가야!
아빠가 우리 아기에게 고백할 것이 하나 있다.
그것은 아빠가 이 세상에서
우리 아기보다 사랑하는 사람이 있다는 것이다.

아가야!
그 사람이 바로 우리 아기의 엄마란다.

아가야!
혹시 이 사실에
우리 아기가 서운해하지는 않을지.

아가야!
우리 아기에게 이해를 구할 것은
아빠는 엄마를 너무 사랑했다는 것이다.
그래서 아빠는 엄마를
아빠의 아내가 되어 주길
하나님께 기도했다.

아가야!
하나님은 아빠의 기도를 들어주셨고
하나님은 우리에게 작은 하나님 나라를 주셨단다.

아가야!
그래서 우리 아기는
이 세상에 존재하게 된 것이다.

아가야!
하지만 아빠가 우리 아기에게 약속할 수 있는 것은
아빠는 엄마 다음으로 우리 아기를 사랑한다는 것이다.

주말부부

1997년 2월 아빠는 전주에서 천안으로 발령을 받게 되었다. 엄마 아빠는 이때가 너무 싫고 힘들었던 것 같다.

아빠는 천안에서 근무하는 동안 엄마 아빠의 사랑 이야기를 작은 앨범에 시와 사진을 담아 만들었다. 이 앨범은 우리 딸이 태어나기 전전날(1997년 10월 13일) 엄마에게 선물로 줬단다.

아래에 소개되는 몇 편의 시와 편지가 그 앨범에 담겨 있던 시들이다.

참고로 우리 딸 지호라는 이름은 우리 딸이 하나의 점으로 존재하기 시작하고 얼마 되지 않아 붙여진 태명이란다. 우리는 우리 아이가 지혜가 많은 아이이기를 소망하며 지호라는 태명을 붙여 주었다. 결국 그 태명이 우리 딸의 이름이 되었고, 우리 딸은 태명처럼 지혜로운 딸로 자라줬다.

님바라기

해만을 바라봐서
해바라기인가

해를 닮아서
해바라기인가

사랑하는 나의 님이여
언제나 님만을 바라보는 나는
어쩌면 님바라기는 아닌지요

나는
님만을 바라보는
님바라기

님의 마음과 같기에
님바라기

우리는
서로를 바라보고

서로를 닮아 가기에

님바라기

부부는 서로 닮는다고 했던가?
하지만 우리는 닮은 곳이라고는 하나도 없는 부부인 것 같다. 그래서 우리는 더 많이 바라봐야 했고 더 많이 이해하려 노력해야 했던 것 같다.

지금 이 글을 쓰는 시점에서 아빠는 엄마와 20여 년을 살고 있다. 아빠는 지금도 엄마만을 바라보고 있다. 그리고 이제 와 보니 엄마와 아빠가 많은 부분에서 닮았다는 생각이 든다.

바람

오늘 밤
나의 볼을 스쳐 지나간 이 바람은
아마도 당신에게 달려가
당신 볼에 머물 것입니다.

나는 한 줄기 바람에
나의 향기
나의 마음
나의 사랑을 담아
당신에게 보냈습니다.

사랑하는 나의 아내여
그런데
멀리 떨어진 이곳에서도
당신의 향기를
내가 느끼고 있음은 왜인가요.

당신도 언젠가
당신의 향기를

나에게 보낸 것은 아닌지요.

그리고
우리 아기 심장 소리도
내가 느끼고 있음은
어쩌면
당신과 나와 우리 아기가 하나인 것은 아닌지요.

존재의 이유

하늘이 있기에
땅이 있고

바다가 있기에
고기가 있고

숲이 있기에
새가 있고

꽃이 있기에
나비가 있고

당신이 있기에
내가 있고

내가 있기에
당신이 있다.

사랑하는 이여!

땅 없는 하늘, 고기 없는 바다, 새 없는 숲, 나비 없는 꽃을 상상할 수 없듯, 당신 없는 나, 나 없는 당신을 상상할 수가 없소.

사랑하는 이여!
이것이 존재의 이유가 아닌지요.

처음인 마지막

당신과의 처음들은
하나님이 나에게 준 선물이었다.

나는 당신과의 처음들을 가슴속에 담아 두고
힘들고 어려울 때 하나씩 꺼내 보며 웃곤 한다.

당신과의 첫 키스
결혼식 날 나를 향해 걸었던 첫걸음
결혼 후 당신의 첫 생일
첫 번째 결혼기념일
우리 아이의 존재를 알았던 첫날.

그리고 글로 표현할 수 없는 많은 처음들.

사랑하는 당신.

우리에게 마지막이 있을까?
우리에게 마지막이 있다면
어쩌면 그 마지막도 우리의 처음이 될 것이다.

나 없으면 외로울 당신.

만약 하나님이 허락해 주신다면
딱, 일 년만 그 외로움을 내가 감당하길 희망한다.

당신과 같은 날 하나님이 불러 주시면 좋겠지만
그러면 그 슬픔을 우리 딸이 혼자 감당해야 하기에
당신이 간 슬픔과 외로움은 내가 감당하고
우리 딸에게는 그 슬픔을 조금 덜어 주고 싶다.

사랑하는 내 아내에게

　방금 나는 당신과의 전화 통화에서 지호가 배 속에서 뭉친다는 말을 듣고 몹시 걱정되어 다시 펜을 들었다. 하지만 우리 지호는 하나님이 주신 선물이기에 건강하게 자라 줄 것이라 우리 믿고 너무 걱정은 하지 말자.

　오늘 천안에는 밤부터 많은 비가 내렸다. 하지만 지금은 비가 내리지 않는다. 이런 날씨 탓일까? 당신 혼자 지호와 있게 해서 미안하고 내 마음이 허전하다. 그리고 배 속에서부터 당신을 힘들게 하는 지호가 괘씸하다는 생각이 든다. 멀지 않은 날, 지호가 이 세상에 나오면 내가 혼을 내 줄 테니 그때는 당신 말리지 말았으면 한다.

　하지만 당신을 힘들게 하고 멀리 있는 나를 걱정시키는 이 고얀 녀석이 빨리 이 세상에 나와 내 품에 안겼으면 하는 마음은 또 무엇인지 모르겠다.

　사랑하는 내 아내여!
　우리 힘들고 어려워도 조금만 참자. 우리에겐 반드시 행복한 미래만이 기다리고 있을 것이다. 그 이유는 당신과 나는 모든 것을 사랑으로 이겨 낼 것이고, 그 사랑의 열매는 반드시 행복이라 믿기 때문이다.

편지를 쓰고 있는 지금 밤이 너무 깊었다. 새벽부터 200킬로 가까운 거리를 달리고, 회사에서 늦게까지 일을 봐서인지 이제는 조금 피곤하다. 이 밤 당신 잘 자고 우리 꿈속에서 다시 만나자. 편지를 쓰며 하루가 지나 지금은 1997년 8월 19일 0시 10분이 되었다.

아빠는 당시 엄마에게 손 편지를 많이 썼단다. 지금은 인터넷 매체의 발달과 휴대전화로 인해 손 편지가 사라져 가고 있다는 것이 조금은 아쉽구나.

익숙한 것에 더 신중해야 되는 이유

우리를 아프게 하는 것들은 낯선 처음의 것들이 아니다.

오히려 우리를 아프게 하고 상처가 되게 하는 것은 우리에게 익숙하다고 생각되는 것들이 우리를 더 아프게 하고 더 큰 상처를 남기는 것이다.

낯선 처음들의 상처는 그럴 수도 있겠지 하는 마음에 아파도 견딜 만한데 익숙하고 친숙한 것들의 상처는 상대적으로 더 아프고 더 깊은 것 같다.

낯선 우리들의 처음들이 언젠가는 익숙함으로 변해 갈 것이다. 익숙하다는 것은 오히려 처음보다 더 조심할 것들이 많아졌다는 것이다.

그런데 우리는 처음의 것들에는 배려하고 조심조심 행동한다. 그러나 익숙해진 것들에는 대충대충 행동하며 넘어가고, 때로는 무례하게 행동할 때도 있다.

칼이 가장 위험할 때는 칼이 내 손에 익숙해졌을 때이다.

가족과의 관계가 그렇다. 익숙해질수록 더 신중하고 더 배려하며 더 존중해야 하는 관계가 가족과의 관계라고 생각한다. 그렇지 않으면 익숙함을 이유로 가장 사랑하는 사람들에게 가장 큰 상처를 줄 수도 있다.

앨범을 마치며

1996년 5월 4일, 드디어 우리는 너와 나로 떼어 생각할 수 없는 말 그대로 우리가 되었다.

너무도 작고 화려하지는 못하지만, 우리에게는 너무도 가슴 벅찬 우리만의 공간 우리만의 작은 천국을 하나님의 은혜 가운데 만들었다.

비록 우리라는 이름으로 살아온 삶이 짧지만, 이 세상의 어떤 부부도 부럽지 않은 우리들의 천국에서 우리는 사랑과 신뢰로 우리의 어려움과 난관들을 극복해 왔다.

그러던 중 1997년 1월 18일, 당신은 나에게 우리 아기의 존재를 알려 왔고, 그것은 우리에게 너무도 가슴 벅찬 기쁨이었다.

우리 아기는 작은 점에서 자라나 작은 태동을 시작하고, 작은 태동은 힘찬 울림이 되고, 이제는 마치 손이라도 잡힐 듯 당신의 배 속에서 요동을 친다.

이제 보름 남짓이면 우리 아기는 이 세상에 태어나고, 우리는 우리를 닮은 우리 아기를 보며 얼마나 기뻐할까?

나에게 이렇게 가슴 벅찬 기쁨을 안겨 준 당신이 너무도 고맙다. 그래서 나는 당신의 고마움에 이 작은 앨범을 선물한다. 물론 이 작은 앨범이 당신이 나에게 안겨 준 가슴 벅찬 선물에는 가당치 않게 부족하고, 당신의 산고의 고통에는 충분한 위로가 되지 못한다는 걸 나는 잘 알고 있다. 하지만 이 작은 선물은 나의 마음의 선물이기에 기쁜 마음으로 받아 주기 바란다.

1997년 10월 7일 당신을 영원히 사랑하는 남편이

사랑하는 내 딸아!

　지금까지의 내용들은 아빠가 우리 딸이 태어날 때 엄마에게 선물하기 위해 만든 앨범의 일부였다.

　엄마를 처음 만나고 친구가 되고 연인이 되고 부부가 되고, 그리고 우리 아기의 존재를 알게 되는 일련의 과정들을 앨범에 사진과 시를 적어 만들었다.

　1997년 10월 7일 드디어 아빠는 이 앨범을 완성했다. 아빠는 이 앨범을 우리 아기가 태어나기 전(10월 13일 밤), 엄마에게 선물로 줬다.

　엄마는 이 앨범을 보고 많이 울었단다.

　드디어 우리 딸이 10월 15일 0시 15분에 태어났다.

　아빠는 이제부터 우리 딸이 이 세상에서 처음 폐호흡을 시작하면서부터의 이야기를 시작하려 한다.

2장

| 만 | 남 |

열 달 동안의 기다림
그리고 만남의 기쁨

만남

태동도 없는 고요함 속에서도
너와의 만남을 상상해 왔다.

미세한 떨림에도
우리는 행복했고

너의 움직임 하나하나에
우리는 답해 줬다.

모차르트의 잔잔한 음악에
넌 잠들었고

아빠의 입맞춤에
넌 반응했다.

유난히도 뜨거웠던 여름이 지나고
이제는 너와의 만남을 준비한다.
기대되는 시월의 어느 날
아빠는 활짝 웃으며 너와 만날 것이다.

10월 15일 0시 15분

　세상에 이렇게 큰 아기 울음소리는 처음 듣는 것 같았다. 분만실에서 간호사 아가씨가 예쁜 공주님이라고 알려 주더구나. 그 순간 벽에 있는 시계를 보았다. 우리 딸이 이 세상에 태어난 시간, 바로 1997년 10월 15일 0시 15분이다. 하지만 아직 아빠는 우리 딸 얼굴도 보지 못했다.

　우리 딸은 신생아실로 보내졌고, 엄마는 입원실로 이동했다. 엄마는 무척 추워했고, 아빠는 엄마에게 몇 개의 이불을 덮어 줬다. 하지만 엄마의 추위는 쉬 가시지 않았고 병원에서 나온 미역국도 거의 먹지 못했다.

　이로부터 시간이 많이 지나 우리 딸이 대학교 4학년 때의 일이다. 우리 딸은 엄마가 가지고 있던 대학병원 분만 카드를 보았는데 거기에 적혀 있는 시각과 아빠가 말하는 시각이 조금 다르다고 했다. 하지만 아빠는 우리 딸의 울음소리를 듣는 순간 벽에 있는 시계를 보았고 그 시각은 분명 0시 15분이었다.
　아빠가 본 시계가 정확하다면 분만 카드에 적혀 있는 시각보다 아빠가 더 정확할 것이라 믿어 아빠는 우리 딸이 태어난 시각이 0시 15분이라 고집한다.

첫 만남 1

   10월 15일 오후 1시, 유리 벽 넘어 신생아실에 갓 태어난 아이들이 똑같은 바구니 침대에 비슷한 모습으로 누워 있었다.

   아빠가 유리 벽 앞에 도착하자 간호사 아가씨가 한 아이를 하얀 수건으로 감싸안고 유리 벽 앞에 서 있었다.
   2.8킬로 작은 아이로 태어났다. 유난히도 머리숱이 없었다. 작은 얼굴은 빨간 핏기가 가시지 않아 마치 아빠를 보고 부끄러워 얼굴이 뻘게진 것처럼 보였다. 연한 눈썹 밑으로 예쁜 두 눈은 눈부신 듯 눈꺼풀을 조금 벌린 채 짝눈을 하고 유리 벽 넘어 무엇을 봐야 할지 모르는 상태로 초점 없이 바라보고 있었다. 오뚝한 코와 선명한 인중 밑으로 작은 입술이 보였고 입술은 살짝 벌어져 있었는데 자세히 보지 않으면 벌어져 있는지 몰랐을 것이다. 손과 발은 하얀 수건에 싸여 있어 볼 수는 없었지만 얼마나 작을지는 전체적인 모습으로 짐작할 수 있었다.
   이것이 우리 딸과의 첫 만남이었다.

첫 만남 2

기대 반
두려움 반

열 달 동안 애를 태운 놈을 처음 본다는 기대
열 달 동안 애를 태운 놈을 처음 본다는 두려움

와! 네가 바로 그놈이구나.
아가야! 아빠는 네가 마음에 쏙 드는데
넌 아빠를 처음 본 소감이 어떠니?

아가야! 사실 아빠란 말이 좀 어색하고 쑥스럽기는 하지만, 아빠는 최선을 다해 아빠 역할을 해 볼게. 너도 이제 세상에 나와 정신이 없겠지만, 이왕 아빠와 딸로 만났으니 우리 아빠와 딸로 잘 지내자.

아빠가 되는 건 처음이라

아빠가 되는 건 처음이라
너의 존재를 처음 알게 되고
기쁜 마음을 어떻게 표현해야 할지 알지 못했다.

아빠가 되는 건 처음이라
너의 초음파 사진을 보고
누굴 닮았는지 찾아내긴 쉽지 않았다.

아빠가 되는 건 처음이라
엄마 배 속에 있는 너에게
무슨 말을 해야 할지
아빠는 쉽지 않았다.

아빠가 되는 건 처음이라
너의 발길질에
어떻게 대응해야 할지
아빠는 쉽지 않았다.

드디어

아빠가 되는 건 처음이라
너의 힘찬 울음소리에
아빠는 그저 기쁘기만 했다.

먼 훗날
아빠가 되고 모든 것들이 처음일지라도
우리 딸에게
"아빠는 아빠로서 성공했어!"
라는 말을 듣고 싶다.

아빠가 되고
모든 것들이 처음일지라도.

아빠가 된다는 것

세상을 살아가며 모든 것이 완벽하게 준비되어 시작하는 것은 그리 많지 않은 것 같다.

아빠가 되는 것도 그렇다.

사실은 기다렸다. 그리고 너무도 보고 싶었다. 하지만 두려웠던 것도 사실이다.

내가 잘해 낼 수 있을까?

세상을 살다 보면 어떤 일은 실패해도 다시 시작하면 되는 일이 있다. 아니 실패를 거울삼아 더 큰 성공을 거두는 경우도 종종 있다. 하지만 아빠가 되어 살아가는 것은 그렇지 않은 것 같다. 실패는 실패로 끝날 가능성이 더 많은 것 같다.

아빠로서 나는 완벽한 준비는 되어 있지 않았어도 내가 되고 싶었던 아빠는 잘 놀아 주는 아빠, 친구 같은 아빠가 되는 것이다. 그리고 먼 훗날 사랑하는 내 아이에게 **"엄마 아빠처럼 서로 사랑하며 살아라."** 라고 자신 있게 말할 수 있는 아빠가 되는 것이다.

하지만 아빠가 어떤 아빠였는지의 평가는 오롯이 우리 딸만이 할 수 있다.

하나님 이런 딸이 되게 하소서!

하나님!
사랑하는 우리 딸은
키와 몸이 커 감에 따라
이런 딸이 되게 하소서.

언제나 하나님을 사랑하고
예수의 향기를 품으며
믿음으로 살아가는
믿음의 딸이 되게 하소서.

하나님!
사랑하는 우리 딸은
아름다움만을 마음에 품고
언제나 기도하는 마음으로
당신의 합당한
소망만을 간직하게 하소서.

우리 딸이
이 세상을 살아가며

자신의 안일함만을 위해
하나님을 버리고 부모를 거역하며
이웃을 멸시하지 않게 하시고
하나님을 사랑하고
부모를 공경하며
이웃을 돌아볼 수 있는
사랑의 마음을 주시옵소서.

우리 딸이
이 세상을 살아가며
순간을 모면하기 위해
거짓된 행동을 하지 않게 하시고
혹시 잘못된 행동을 했을 때는 용서를 빌 수 있는
참 용기를 주시옵소서.

그리고
우리 딸에게
고난과 역경이 닥쳐왔을 때
쉬 무너지지 않게 하시고

참아 내고 이겨 낼 수 있는
강인한 인내의 마음을 주시옵소서.

하나님!
사랑하는 우리 딸에게
언제나 믿음과 소망과 사랑이 넘치게 하시고
힘들고 어려움은 기도로 이겨 낼 수 있는 인내를 주시옵소서.

하나님!
우리 부부 간절히 기도하오니
사랑하는 우리 딸은
이런 딸이 되게 하소서.

우리 딸이 집에 처음 온 날

1997년 10월 20일, 이날은 우리 딸이 병원에서 집에 온 첫날이다. 우리 딸은 피곤했는지 두 눈을 살포시 감고 잠만 잤다. 잠을 자다 입을 쩍 벌리고 하품을 하며 잠에서 깨어났고, 잠에서 깨어나면 뭐가 그리 슬픈지 턱을 파르르 떨며 울어 댔다.

아빠는 한 장 한 장, 성장앨범을 넘겨 가며 우리 딸 어린 시절과 만나고 있다. 마치 옛 기억들이 손에 잡힐 듯 어제 일처럼 생생하구나.

어느덧 우리 딸이 훌쩍 커 버리고, 우리 딸이 결혼하게 될 때 아빠는 엄마 아빠의 사랑 이야기와 우리 딸의 성장 과정, 그리고 그 안에 들어 있는 우리들의 이야기를 책으로 만들려 한다.

그리고 마침내 우리 딸이 결혼하는 날 아빠는 이 책을 우리 딸에게 결혼 선물로 줄 것이다.
엄마 아빠는 너를 최선을 다해 사랑했다고, 그리고 우리 딸도 엄마 아빠처럼 서로 사랑하며 최선을 다해 살아 달라고 말하려 한다.

이것이 아빠의 꿈이란다.

3장

사랑하는 딸에게

사랑하는 아이들에게 해 주고 싶은 이야기

사랑하는 딸에게

딸!
아빠는 네가 너무 좋다.

딸!
어떤 이유가 있어서가 아닌
바로 너여서 아빠는 좋다.

딸!
시간이 지나며
몸도 컸고 마음도 컸는데
아빠 눈엔 언제나 똑같아 보이는구나.

딸!
앞으로 더 많은 시간이 지날 거야.
네가 엄마가 되고
아빠는 너 때문에 할아버지가 되겠지?
그래도 아빠에겐 여전히 넌 똑같아 보일 거야.

사랑하는 딸

아빠는 네가 있어 너무 좋다.
네가 아빠 딸이어서
아빠는 너무너무 좋다.

서로 사랑하며 살아라.

"꽃으로도 때리지 마라"라는 말이 있다.

아빠는 이 말이 마음에 든다.
아빠는 체벌은 하나님만이 할 수 있는 고유 영역이라 생각한다. 하나님만이 감정적인 체벌이 아닌 공정한 체벌을 할 수 있는 분이기 때문이다.

아빠는 우리 딸을 키우며 체벌을 단 한 번도 해 본 적이 없다.

언젠가 엄마 아빠가 될 우리 아이들아! 자녀에게 가장 좋은 교육은 사랑이다. 자녀에게 가장 좋은 교육은 너희들의 삶을 보여 주는 것이다. 만약 너희들의 자녀가 올바르지 못한 행동을 할 때면 너희들의 삶을 뒤돌아봐라.

사랑하는 아이들아! 자녀에게 최악의 부모는 **'엄마 아빠처럼 살지 마라!'** 라고 말하는 것이다. 반면 자녀에게 최고의 부모는 **'엄마 아빠처럼 서로 사랑하며 살아라!'** 라고 말할 수 있는 부모가 되는 것이다.

그리고 우리 아이들이 엄마 아빠 나이가 되고 너희들을 닮은 아이가 너희들 나이가 되면 너희들도 너희들을 닮은 아이에게 이런 말을 해 주렴. **'사랑하는 아이야! 너도 엄마 아빠처럼 서로 사랑하며 살아라!'**

사랑하는 내 아이들아!
아빠가 삶의 동반자로 살아갈 우리 아이들에게 감히 말한다.
"사랑하는 아이들아! 너희도 엄마 아빠처럼 서로 사랑하며 행복하게 살아라!"

일관성 있는 행동을 보여라.

일관성 있는 행동을 보인다는 것이 그리 쉬운 일이 아니다.

사람은 감정을 가진 동물이기에 기분에 따라 똑같은 일에 다른 행동으로 대할 때가 있다.

언젠가 엄마 아빠가 될 우리 아이들아! 쉽진 않겠지만 그래도 일관성 있는 엄마 아빠가 되기를 바란다.

우리 딸에게 엄마와 아빠는 그래도 일관성 있는 행동을 했다고 생각한다. 엄마는 비교적 현실적으로 아빠는 비교적 이상적으로 일관성이 있었다.

일관성

널 처음 봤을 때도 웃었고
여전히 널 보며 웃고 있으며
앞으로도 널 보며 웃을 것이다.
아빠는 우리 딸이 너무 좋단다.

아빠가 이 글을 쓰고 보니 일관성이 아닌 집요함이 있지 않나 하는 생각이 든다.

하지만 우리 딸은 아빠에게 긍정적인 책임감을 심어 줬고 항상 웃게 만들어 줬으며 아빠가 여기까지 달려올 수 있는 에너지를 줬단다. 그래서 아빠는 널 보면 항상 기분이 좋고 그래서 항상 웃는다.

아이와 많이 놀아 줘라.

언젠가 엄마 아빠가 될 내 아이들아!
사실 일을 하며 아이를 키운다는 게 너무 어렵고 힘든 일이란다. 그래서 아이와 놀아 주지 못할 이유를 찾자면 끝이 없을 것이다. 설사 그럴지라도 아이와 많이 놀아 주기 바란다.

우리 딸이 4살 때쯤의 일로 기억한다.
그날은 토요일 저녁이었고 아빠는 초등학교 동창 모임이 있어 친구들과 저녁을 먹고 있었다. 그때 우리 딸에게 전화가 왔다. "아빠, 나 아빠와 놀고 싶은데."

아빠는 우리 딸 전화를 받자마자 집에 중요한 일이 생겼다고 둘러댄 후 바로 집에 달려와 우리 딸과 놀았다.

이 글을 쓰고 있는 지금 대학교 3학년이 된 내 딸아!
그 결과 아빠는 지금도 우리 딸과 호들갑스럽게 노는 것이 조금도 어색하지 않단다.

사랑하는 내 딸아!
아빠는 지금까지 우리 딸과 노는 것을 의무감으로 생각해 본 적이 없다. 아빠는 우리 딸과 노는 것이 너무 재미있단다.

 그리고 아빠는 우리 딸과 이렇게 좋은 관계를 맺고 있는 것이 큰 자랑이기도 하다.

인생의 팁

아빠는 우리 딸에게 많은 책을 읽어 줬고 우리 딸과 많은 이야기를 나누었으며 많이 놀았다.

아마도 우리 딸 초등학교 때는 언제나 아빠가 재워 주며 책을 읽어 줬고, 때로는 이야기하며 자정이 넘는 시간까지 놀았던 기억이 난다.

이러한 일들은 중학교 때도 우리 딸이 요구하기만 하면 이어져 왔던 것 같다.

남의 집 아이들은 아빠가 있으면 자기 방으로 숨는다고 하는데 우리 딸은 아빠가 있으면 자기 방에 있다가도 아빠와 놀기 위해 나왔었다.

훗날 내 손주의 아빠가 될 친구에게 인생의 팁 하나 준다면 아이와 많이 놀아 주는 아빠가 되길 바란다. 그리고 아이가 필요할 때는 아빠가 언제나 옆에 있어 주어야 한다는 것이다.

엄마는 아이와 관계가 조금 틀어진다 해도 회복이 가능하지만, 아빠는 아이와 관계가 틀어지면 회복하기가 힘들거나 영영 불가능할지도 모른다.

좋은 표현은 많이 하면 할수록 좋다.

우리는 표현을 하지도 않으면서 상대방이 내 마음을 알아주길 바랄 때가 있다. 하지만 우리에게는 상대방의 마음을 읽어 낼 수 있는 독심술을 가진 초능력자는 존재하지 않는다. 그래서 우리는 우리의 마음을 드러내기 위해 표현을 해야 한다. 특히나 표현 중에서 좋은 감정은 적극적일 필요가 있다.

"사랑한다. 감사하다. 고맙다. 잘했다. 예쁘다. 멋있다." 등 긍정적인 표현은 많이 하면 할수록 좋다.

반면에 부정적인 표현은 신중해야 한다. 물론 부정적인 표현을 하지 말라는 말은 아니다. 하지만 부정적인 표현은 최대한 신중하게 사용하면서 서로에게 상처로 남지 않고 서로가 이해하고 더 좋은 관계를 만드는 계기로 만들어야 한다.

좋은 관계를 맺고 있는 가정은 표현을 잘하는 가정이다.
화목한 가정을 보면 좋은 표현은 적극적이고 부정적인 표현은 신중하다.

불화가 많은 가정을 보면 좋은 표현은 소극적이고, 부정적인 표현은 적극적이고 투쟁적이다.

 사랑하는 내 아이들아!
 상처는 멀리 있는 사람이 주는 것이 아니다. 상처는 가장 가까운 사람이 주는 것이고 그 상처가 더 아픈 것이다.

같은 취미를 가져라.

사랑하는 내 아이들아!

같은 일을 하면 싸울 수 있지만 같은 취미를 가지면 서로의 관계가 더 좋아질 수 있다.

아무리 부부지만 좋아하는 것이 다를 수 있는데 어떻게 같은 취미를 가질 수 있느냐고 반문할 수도 있을지 모르겠다. 하지만 무난한 여가 활동을 찾다 보면 공통의 취미를 찾아낼 수 있다.

취미가 다르면 부부가 같이하는 시간이 적어지고 그러다 보면 자연스럽게 이야기할 수 있는 시간도 적어지며 자연히 서로의 관계가 소원해질 수 있다.

사랑하는 아이들아!

어떤 문제를 가지고 특별히 시간을 내서 대화하는 것은 좋은 부부관계에 그리 큰 도움이 되지 않는다.

그냥 소소한 일들을 같이하며 소소한 이야기들을 나누고, 이러한 일련의 과정에서 대화가 일상화되고 그 속에서 문제를 해결해 나가는 것이 훨씬 부드럽게 문제를 해결해 나갈 수 있다.

그러기 위해서 같은 취미활동을 가지고 여가를 같이 보내는 것이 중요하다.

엄마 아빠는 지금까지 살아오며 많은 시간을 같이하며 지내 왔고 앞으로도 그럴 것이다.

위만 바라보지 마라.

삶을 살다 보면 나보다 잘 사는 것처럼 보이는 사람들을 바라보고 부러워할 때가 있다.

사랑하는 내 아이들아!
하지만 위만 바라보고 사는 삶은 피곤하고 삶에 여유가 생기지 않는다. 때로는 옆도 바라보며 이웃들과 따뜻한 미소도 보내며 살아라. 그리고 나에게 여유가 없어도 나보다 힘들어하는 이웃들에게 내가 가진 작은 것도 나눌 수 있는 사람이 되었으면 좋겠다.

나눔은 다른 사람을 행복하게 하기보다 나를 더 행복하게 만들어 주는 삶의 보약이란다.

언젠가 아빠는 우리 딸이 용돈을 아껴 한 아이를 후원하고 있음을 우연히 알게 되었다. 아빠는 우리 딸이 무척 대견하다는 생각이 들었지만, 이 사실을 모르는 척했다.

사랑하는 내 아이들아!
행복은 나만 누리는 것이 행복이 아니란다. 이웃들과 더불어 살 줄 아는 사람이 참 행복을 누리는 것이란다.

살다 보면

아이들아!

엄마 아빠가 살다 보니 큰일에 싸우는 것은 거의 없더구나. 오히려 마음 상하는 일은 너무도 작고 너무도 사소한 일들이 서로의 마음에 상처를 주고 다툼이 되더구나.

옛 속담에 '가랑비에 옷 젖는다'라는 말이 있다.

사소한 일이라도 서로의 마음을 풀지 않고 쌓이고 쌓이면 부부 사이에 균열이 생기고 결국 회복할 수 없는 지경이 될 수도 있다는 생각이 든다.

혹시 사소한 일에 다툼이 생기면 하루가 지나기 전에 해결하기 바란다. 그리고 어떠한 일이 있어도 잠자리를 달리하지 마라.

언제나 큰 그릇이 작은 그릇을 담을 수가 있단다. 스스로 큰 자라 생각되면 먼저 사과하고 먼저 용서해라.

세상을 살다 보면

세상을 살다 보면
높은 산이 가로막을 때도 있고

세상을 살다 보면
돌부리가 발에 채일 때도 있다.

하지만 높은 산이 가로막으면
그 산을 넘어가면 되고

그 산이 너무 높아 넘지 못하면
그 산을 돌아가면 된다.

사랑하는 아이들아!
우리가 넘어지는 것은
높은 산 때문이 아니란다.
우리가 넘어지는 것은
작은 돌부리가 우리를 넘어뜨리는 것이란다.

꿈을 강요하는 부모가 되지 마라.

일단 부모가 되면 자녀에 대한 기대가 생기는 건 어쩔 수 없는 것 같다.

아빠도 우리 딸이 어렸을 때 아나운서나 외교관이란 직업을 꿈으로 갖기를 바란 적이 있다. 하지만 이것은 우리 딸을 아빠의 대리 만족의 도구로밖에 생각하지 않았다는 걸 아빠는 알게 되었고, 그 이후로는 아빠는 우리 딸에게 무엇이 될 것인가를 묻지도 강요하지도 않았던 것 같다.

사랑하는 아이들아!
우리가 무엇이 되느냐는 그리 중요하지 않은 것 같다. 우리가 무엇이 되느냐보다 우리가 얼마나 행복한 삶을 살아가느냐가 더 중요한 것 같다.

우리 속담에 '고기도 먹어 본 놈이 잘 먹는다'라는 말이 있다. 행복도 마찬가지가 아닐까? 행복도 느껴 본 사람이 더 큰 행복을 찾을 수 있고 그 행복을 누리며 살 수 있는 것 아닐까?

사랑하는 아이들아!

우리 아이들이 부모가 되면 너희들의 아이들에게 행복을 줄 수 있는 부모가 되기를 바란다. 그리고 아이들에게 꿈을 강요하지 말고 알아서 꿈을 찾을 수 있는 사람으로 자라게 지켜보는 부모가 되길 바란다.

아빠의 꿈

아빠는 우리 딸로 인해 꿈이 생겼다.

우리 딸에게 멋진 아빠가 되는 꿈.

먼 훗날 이 세상에 아빠가 없어도 우리 딸이 아빠를 생각하며 웃을 수 있고, 우리 딸을 힘 나게 할 수 있는 아빠가 되는 꿈.

아빠는 지금도 그 꿈을 이루기 위해 열심히 살고 있다.

사랑하는 딸!

아빠의 꿈이 소박하다 하지 마라.

어쩜 아빠의 꿈은 세상의 많은 아빠들이 이루기 힘든 꿈일지도 모르니까.

사랑하는 우리 딸에게!

아빠는 우리 딸과의 꿈같은 이야기들을 책으로 만들고 있다.

처음에 이 책을 쓰기 시작할 때는 우리 딸이 결혼할 때 우리 딸에게 선물로 주려는 마음에 책을 쓰기 시작했다.

한참 책을 쓰다 보니 조금 욕심이 생겼다.
우리 딸을 아는 지인들에게 '우리 딸은 이렇게 많은 사랑을 받고 자란 아이입니다. 여러분들도 부디 우리 딸을 많이 아껴 주시고 사랑해 주세요.'라는 부탁의 메시지를 주고 싶다는 욕심.

어느 정도 책을 완성하다 보니 더 큰 욕심이 생겼다.
세상 사람들에게 '여러분! 행복을 멀리서 찾지 마세요. 행복은 여러분들 가장 가까이 있는 사람들을 행복하게 해 주는 것, 그것이 여러분들이 행복할 수 있는 것이랍니다.'라는 메시지를 주고 싶다는 욕심.

사랑하는 딸!
아빠가 우리 딸에게 때로는 많이 부족했고, 때로는 많은 실수도 했을 거야. 하지만 아빠는 우리 딸을 최선을 다해 사랑했고 앞으로도 최선을 다해 사랑할 거야.

사랑하는 딸!

아빠는 참 이기적인 것 같다. 아빠는 아빠가 가장 행복해지기 위해 엄마와 우리 딸을 이용했고 지금도 이용하고 있으며 앞으로도 계속 이용할 테니.

아빠의 행복관

우리 딸이 어제(2019년 3월 20일) 이런 말을 했다.
"나는 아빠의 행복관을 이해할 수가 없어."
"아빠는 왜 엄마가 행복하고 내가 행복해야 아빠가 행복한 거야? 엄마와 나와는 상관없이 아빠만으로 행복할 수는 없어?"

사랑하는 딸아!
어제는 아빠가 어떻게 설명해도 우리 딸이 아빠 말을 이해할 수 없을 것 같아 아빠의 행복관에 대해 적극적으로 이야기하지 않았다.

아빠는 지금도 아주 많이 행복하다. 그 행복이 엄마와 너를 분리해 놓고 아빠만으로 행복하다고 말할 수는 없다.

아빠는 행복은 관계에서 온다고 굳게 믿고 있기 때문이다.

만약 아빠가 기억이 상실되어 아무것도 기억하지 못하거나 치매에 걸려 과거의 기억을 모두 잃어버리지 않는 한 아빠는 관계에서 자유로울 수 없다. 그리고 아빠의 기억이 모두 사라져 아빠가 관계에서 자유로워진다 해도 지금보다 더 행복해질 거라 보장하기는 힘들 것 같다.

아마 우리 딸이 이런 말을 한 것은 아빠가 엄마와 우리 딸의 행복을 위해 희생하고 있다고 생각해서 한 말일 것이라 이해한다.

사랑하는 딸아!
아빠는 엄마와 우리 딸의 행복을 위해 희생한다 생각해 본 적이 단 한 번도 없다. 물론 엄마와 너를 위해 배려 한 적은 있다. 하지만 이것이 어디 아빠만 그랬겠니? 엄마도 우리 딸도 아빠와 똑같은 마음으로 서로를 배려하며 지금 우리 가정을 만들어 왔다고 생각한다.

수년이 지나 우리 딸이 이 글을 읽으면 아빠 마음을 이해할 수 있지 않을까?

믿음

어느 날(대학 2년 때), 일을 마치고 집에 오니 우리 딸이 현관 앞에 나와 "아빠! 나 남자친구 생겼다."라고 말을 했다. 아빠는 "축하해 우리 딸."이라고 말을 해 줬던 것으로 기억한다.

그러고 한참 시간이 지난 어느 날 "아빠! 아빠는 내가 남자친구 생겼다고 했을 때 내 남자친구에 대해 아무것도 묻지 않고 왜 그냥 축하한다고만 했어?"라고 물어봤다.

사랑하는 딸아!
사실 아빠는 그 친구에 대해 궁금한 점이 많았단다. 하지만 그 친구는 꽤 괜찮은 놈일 거라 믿었다. 정확히 말하면 그 친구를 믿었다기보다 우리 딸을 믿었다고 말해야 더 정확할 것 같다.

아빠는 지금까지 단 한 번도 우리 딸을 불신해 본 적이 없다. 그래서 아빠는 우리 딸의 선택을 언제나 존중하고 응원해 왔다.

사랑하는 딸아!
우리 딸이 그 친구와 사귀며 수년이 지난 어느 날(대학 3학년이던 해 4월 25일 엄마가 대학 동기들과 여행을 같을 때 새벽까지 수다를 떨며)

나에게 이런 말을 했었다. "아빠! 참 신기한 것은 남자친구가 아빠와 너무 닮은 점이 많아서 어떤 때는 내가 깜짝깜짝 놀랜다!"

 아빠는 우리 딸의 이 말에 기뻤던 것은 이 말속에는 아빠에 대한 칭찬과 남자친구에 대한 자랑이 동시에 들어 있다고 생각했기 때문이다.

너무도 눈부실 그날

언제부턴가 난
하얀 드레스를 입고 있는
눈부시도록 예쁜
우리 딸을 생각하게 되었다.

눈부실 그날
흰 눈보다 더 하얀 우리 딸을 바라보며
아빠는 웃어야 할지 울어야 할지
참으로 난감한 표정을 지을지도 모르겠다.

눈부실 그날
아빠는 어쩌면 우리 딸이 태어났던 1997년 10월의 가을밤을 생각해 낼지도 모른다.

넌 그날도 눈부시게 예뻤고
넌 그날도 우리에게 너무도 큰 행복을 안겨 줬다.

우리는 너의 성장을 지켜보며
오히려 우리가 성장하고 있음을 느꼈고

우리는 너를 통해
참 행복이 무엇인지 깨닫게 되었다.

지금까지 너와 함께했던 모든 날들은
우리에겐 축복이었고
앞으로도 너와 너를 통해 우리가 될 또 하나의 우리를 맞이하며
우리는 더 큰 축복을 경험하길 기대한다.

눈부실 미래의 그날엔
아빠는 눈부셨던 과거(1996년)의 5월도 생각해 낼 것이다.
과거의 5월에도 너처럼 눈부셨던 신부가 있었고
그날은 아빠가 가슴 벅찬 행운의 주인공이 되었다.

눈부실 미래의 그날에도
아빠처럼 행복해할 행운의 주인공이 탄생할 것이다.
눈부실 미래의 그날
우리는 축복할 것이다.
너무도 눈부실 너희들을.

눈부실 그날
지금 쓴 현재의 시가 과거가 되고
미래의 그날이 현재가 되면
아빠는 너무도 눈부실 너희들을 축복하며 이 시를 조용히 읽어 볼 것이다.

이 시는 2019년 10월 15일 너의 생일날 썼다.

어쩔 수 없이 올 수밖에 없는 눈부실 미래의 그날을 생각하며.

넌 알고 있니?

넌 알고 있니?
네가 얼마나 특별한 존재라는 걸.
하나님께서는 널 위해 이 땅, 이 하늘을 준비하시고
하나님께서는 쉬지 않으시며 널 지금까지 인도하고 계시다는 걸.

넌 알고 있니?
네가 얼마나 사랑스런 존재라는 걸.
하나님께서는 널 위해 또 다른 하나님을 보내 주시고
하나님께서는 널 위해 또 다른 하나님이 죽기까지 사랑했다는 걸.

넌 알고 있니?
네가 얼마나 소중한 존재라는 걸.
하나님께서는 하나님의 뜻을 이루시기 위해
네가 꼭 필요하다는 걸.

넌 알고 있니?
마침내 넌 승리할 거라는 걸.
하나님께서는 너의 괴로움도 너의 시련도 널 넘어지게 함이 목적이 아닌 하나님께서는 너를 승리하게 함이 목적이라는 걸.

넌 알고 있니?
그래서 넌 반드시 승리하고야 말 거라는 걸.

보물

오랫동안 아빠는 우리 딸을 하나님이 준 선물이라 생각했다. 하지만 다시 생각해 보니 넌 하나님이 준 선물이 아닌 하나님이 우리에게 잠시 맡겨 놓은 보물이더구나.

하나님은 아빠가 하나님의 보물을 얼마나 소중히 다루는지 보기 위해 우리에게 널 잠시 맡겨 놓은 것이다.

하나님은 아빠가 얼마나 예뻤으면 너 같은 보물을 아빠에게 맡겨 놓았을까?

사랑하는 딸!
지금까지 우리는 우리가 널 낳고 키웠다고 생각했다. 하지만 아빠가 이 책을 쓰고 처음부터 읽어 보니 아빠가 우리 딸을 키운 것이 아니라 우리 딸이 아빠를 성장시켜 왔다는 생각이 든다.

이것이 하나님의 뜻이었구나.
하나님은 하나님의 마음을 알게 하려 우리 딸을 아빠에게 잠시 맡겨 놓은 것이었다.

2020년 10월 15일 우리 딸 생일날

4장

| 시 | 련 |

아빠의 살아온 이야기

시련

너무 힘들고 너무도 아팠다.

하지만 쓰러질 수 없었다.

있는 힘을 다해, 한 발을 내디뎠고

그리고 또 한 발을 내디뎠다.

어느 순간 앞을 향해 걷고 있는 나를 발견할 수 있었다.

많은 시간이 지난 지금

내가 걸어온 길을 뒤돌아본다.

나는 이제서야 시련은 신의 저주가 아닌 신이 준 축복임을 알게 되었다.

퇴사

아빠는 대학 졸업 후(1995년) 한 회사에 입사했고, 1996년 5월 4일, 드디어 엄마와 결혼했다.

엄마 아빠의 결혼 비용은 당시 삼백만 원 정도 되었다. 그중에서 엄마 아빠 예물은 둘이 합해 50만 원 정도 들었다. 물론 돈의 가치가 지금과는 달랐지만 그래도 아주 적은 돈임에는 틀림없는 사실이다.

아빠는 전주에 있는 전북영업국에서 2년을 근무하고 천안영업국으로 발령받아 천안영업국 온양영업소에서 1년 정도 근무했다.

그런데 온양영업소에서 금융사고가 터졌다. 아빠가 발령받기 몇 년 전부터 온양영업소 소장이 고객들의 돈을 횡령해 왔고, 그것을 알게 된 한 고객이 방송사에 알리며 세상에 드러나게 되었다. 이 일로 인해 아빠 사무실은 금융감독원 감사를 받게 되었다. 감사 후 사무실 폐쇄 명령이 떨어졌고 아빠는 어쩔 수 없이 사표를 쓸 수밖에 없는 상황이 되었다.

당시 우리 딸이 태어나고 몇 달 되지 않았을 때의 일이다.

아산역 앞 은행나무 한 그루, 그중 이파리 하나

늦가을 파삭파삭 타들어 가는 고통 속에
힘겹게 매달려 있던 나의 몸은
결국, 힘없이 가지의 끝을 놓고 말았습니다.

차가운 초봄
찬바람에 고개도 못 내밀고 봉오리 속에 잠들어 있을 때
잠결에 자주 듣던 소리가 있었습니다.

따뜻한 봄기운에
톡 하고 가지 끝에 얼굴 내밀어
생긋한 녹색 잎을 펼칠 때도
나는 길게 울리는 그 소리를 들었습니다.

어느 날은 새들이 와서 놀아 주고
어느 날은 산들바람이 이야기를 걸어 줄 때
나는 비로소 기차에 대해 알게 되었습니다.

세찬 비바람에 가지가 찢겨 나갈 때도
다행히 나는 무사했고

나는 기적 소리에 위로를 받았습니다.

비 한 방울 내리지 않고
아스팔트가 녹아내리는 찜통더위 속에서도
나는 기적 소리를 들으며 타는 목마름을 견뎌 냈습니다.

한여름 수다쟁이 매미가 와서 떠들어 댈 때도
어느덧 선선한 바람이 불어 귀뚜라미가 울어 댈 때도
기적 소리는 그들을 잠잠하게 해 주었습니다.

가을이 익어 서늘한 바람이 싸늘한 바람으로 변해 가고
우리들의 얼굴도 초록에서 노랗게 변해 갈 때
언제나처럼 기적 소리는 우리에게 시간을 알려 줬습니다.

세찬 가을바람에
친구들이 가지에서 힘없이 손을 놓을 때
아산역 앞 기적 소리는 이제 슬프게 들리기 시작했습니다.

어느새 노랗게 변한 친구들이 땅바닥에 수북이 쌓이고

힘겹게 나뭇가지에 붙어 있던 나는

길게 울리는 기적 소리를 들으며 결국 나뭇가지에서 힘없이 손을 놓고 말았습니다.

나는

아산역 앞

커다란 은행나무

그중 이파리 하나였습니다.

아산역 앞 은행나무

내가 천안 그리고 아산에 발령받았을 때
아산역 사무실 앞에 커다란 은행나무 한 그루가 있었습니다.

유난히도 추웠던 겨울이 지나고
메말랐던 가지에 녹색 새순이 돋을 때
나는 아산역 앞 은행나무 밑에서
멀리 있는 아내를 생각했습니다.

따뜻한 봄바람에
가지마다 연초록 이파리가 돋아날 때도
나는 아산역 앞 은행나무 밑에서
입덧이 심한 아내를 걱정했습니다.

때론 나뭇가지에 새들이 와서 놀다 가고
때론 산들바람에 나뭇잎들이 춤을 출 때도
나는 여전히 아산역 앞 은행나무 밑에서
혼자 있는 아내를 생각했습니다.

세찬 비바람에

은행나무 가지도 찢겨 나가고
7, 8월 뜨거운 태양 볕에 나뭇잎들이 시들해질 때도
나는 아산역 앞 은행나무 밑에서
기적 소리를 들으며 아내를 그리워했습니다.

제법 가을이 무르익어
고운 얼굴 단풍잎이 한 잎 두 잎 떨어지기 시작했고
어느덧 아산역 앞 은행나무에도
단 한 장의 은행잎만이 힘겹게 매달려 있었습니다.
나는 그날도 아산역 앞 은행나무 밑에서
얼마 전에 태어난 우리 아기 사진을 바라보고 있었습니다.

어느새
땅바닥에 나뭇잎이 수북이 쌓이고
가을바람에 나뭇잎이 휘날릴 때
아산역 앞 은행나무 마지막 이파리 하나도
바람에 날리듯 떨어져 내려왔습니다.
나는 허리 숙여
아산역 앞 은행나무 마지막 이파리 하나를

집어 들었습니다.
그때 긴 기적을 울리며 기차가 어디론가 출발했습니다.

그리고 나도 아산역 앞 마지막 이파리처럼
결국, 내가 버티고 있던 나뭇가지에서 손을 놓고 말았습니다.

아산역 기차는 긴 기적을 울리며
오늘도 그리고 내일도 어디론가 출발할 것입니다.

그리고 봄이 오면 아산역 앞 은행나무에는 또다시 연초록 이파리들이 태어날 것입니다.

1997년

　1997년, 우리 딸이 태어난 해이기도 하지만 이 나라에 외화가 바닥이 나 외환 위기가 찾아온 해이기도 하다.

　이때 아빠가 다니던 회사가 제일 먼저 구조조정을 하게 되었고 설상가상으로 아빠 사무실에서 금융사고가 터졌다. 그러면서 아빠는 구조조정 일 순위가 되고 말았다.

　아빠는 있는 힘을 다해 아빠가 잡고 있던 회사라는 나무에서 버텨 보려 애를 썼지만 거대한 나무의 나뭇잎 하나는 버틸 수 있는 아무 힘도 없더구나.

　막막했고 그래서 아빠는 혼자서 많이 울었다.

　우리 딸이 기억하지 못하는 그 시절은 이 나라도 부도가 나고 우리 집도 부도가 난 시절이었다.

　아빠는 이때 아빠의 처지와 아빠의 심정을 은행나무 이파리에 비유해서 시를 써 봤다.

아산역 앞 커다란 은행나무는 아빠가 아빠의 심정을 표현하기 위해 만들어 낸 가상의 나무란다. 물론 아산역 앞에 커다란 은행나무가 실제로 있을지도 모르겠지만.

언덕 1

아지랑이 피어오르는 봄날엔
삐비 뽑아 먹고
양지쪽 물오른 땅속엔
어린 쑥 고개 내밀고
이른 초봄 민들렌
노오란 꽃을 피워 놓았다.

뜨거운 여름 간질대 들고
워워 참새 쫓을 때면
어느새 훌쩍 커 버린 삐빈
하얀 꽃이 올라오고
쑥 자란 풀숲엔
산딸기 빨갛게 익어 있다.

파란 하늘 황금 들판
강남 갈 제빈(아빠 어린 시절에는 제비도 참 많았단다.)
먹이를 찾아 분주하게 날아다니고
언덕 위 갈대숲엔
돼지감자 튼실하게 밑들어 있다.

눈 덮인 하얀 언덕 동네 꼬마들
비료포대 눈썰매 타고
차가운 바람이 불 때면
언덕 아래 양지바른 곳
옹기종기 모여 앉아
모닥불에 언 손 녹인다.

언덕 2

그 무렵이었다.
내가 언덕을 생각할 때가

그 힘들었던 시절
나는 언덕을 생각했었다.

하지만 내가 기댈 언덕이 없었던 것 같다.

그래서 나는 열심히 살았다.

내가 노력한 만큼 일이 되지 않아도
나는 멈출 수가 없었다.

그리고 시간이 흘러
이제 뒤를 돌아본다.

그 힘든 시절
내 옆에는 언제나 사랑하는 아내가 있었고
그 힘든 시절

내 옆에는 언제나 예쁜 우리 딸이 있었다.

그리고 그 힘든 시절
내 뒤에서 언제나 미안해하며 안타깝게 서 있는
부모님이 계셨다.

나는 이제야 알게 되었다.
나에게는 너무도 큰 언덕들이 있었다는 걸.

사랑하는 내 딸아!

아빠는 회사를 그만두고 많이 힘들었다. 그래서 아빠는 어리석게도 비빌 언덕을 생각해 본 적이 있었다. 하지만 아무리 생각해도 아빠에게는 비빌 언덕이 없더구나.

그리고 시간이 많이 지난 어느 날, 아빠는 아빠가 살아온 삶을 뒤돌아봤다. 아빠 옆에는 언제나 엄마가 있고, 세상에서 가장 예쁜 우리 딸이 있더구나. 그리고 항상 아빠를 지켜보는 할아버지 할머니가 계시고.

만약 그렇게 힘들었던 그때, 아빠가 생각하는 비빌 언덕이 있었다면 아마도 아빠는 아빠 힘으로 세상을 개척해 나가는 힘을 잃어버렸을지도 모르겠다는 생각이 든다.

사랑하는 내 딸 지호야!
이제 와 생각하니 언덕은 그냥 존재하는 것이 언덕인 것 같다. 봄에도 여름에도 가을에도 겨울에도 언제나 그 자리에 존재해 주는 것, 그것이 언덕인 것 같다.

세상을 살다 보면

세상을 살다 보면
파란 하늘 산들바람도 불고

세상을 살다 보면
검은 하늘에 천둥 번개도 칠 것이다.

세상을 살다 보면
평탄한 꽃길도 있고

세상을 살다 보면
비탈길에 장애물도 있을 것이다.

아가야!
산들바람에 꽃길만이 행복이라 생각하지 마라.

아가야!
때로는 비바람 속 장애물을 헤쳐 나가는 것
어쩜 그것이 더 큰 행복일 때도 있단다.

담금질

　몇천 도의 풀무 불 속에 뻘겋게 달궈진 쇳덩이를 대장장이는 커다란 망치로 두들긴다. 이런 과정을 몇 번을 거듭하고 거듭하며 어떤 쇳덩이는 호미로 만들어지고, 어떤 쇳덩이는 낫으로 칼로 만들어진다.

　이런 과정을 반복하는 것을 담금질이라 한다. 무른 쇳덩이가 담금질 과정을 거치며 쇳덩이 속에 들어 있는 공기도 빠져나가고 쇳덩이의 조직도 더 촘촘해져 강한 무쇠가 되는 것이다.

　어떤 돈이 많은 부자가 자기 아들을 위해 무균실을 만들어 줬다고 한다. 그 아이는 그 부자의 바람대로 어떤 병도 걸리지 않고 건강하게 자랐다. 그런데 그 부자가 사업이 망하게 되어 이제는 아들을 무균실에 있게 할 수가 없게 되었다. 무균실에서 나온 그 아이는 어떻게 되었을까?

　무균실에서 나온 아이는 면역력이 없어 가벼운 감기가 폐렴이 되어 결국 죽고 말았다.

　우리가 삶 속에서 맞이하는 폭풍우와 같은 날들도, 우리가 살면서 부딪치는 장애물들도 어쩌면 우리를 더 강하게 단련하기 위한 절대자의 담금질이 아닐까?

길

너희들이 가야 할 길은
지금도 힘들고 앞으로도 힘들 것이다.
그것이 인생이란다.

그렇다고 멈추지 마라.
넘어지면 일어나고
또 넘어지면 다시 일어나
앞을 향해 길을 가라.

이 세상은 너희에게
화려한 꽃길도
평탄한 대로도 보장해 주지 않을 것이다.

설사 너희들이 걷는 길이
험한 비탈길일지라도
너희들이 가야 할 길이
막막한 길일지라도
결코, 포기하지 마라.
너희들이 잡은 두 손은

아름다운 꽃길을 걸을 때만 필요한 손이 아니다.

너희들이 잡은 두 손은
힘들고 어려울 때 더욱 필요한 손이다.

먼 훗날 너희들이 헤쳐 온 험하고 어려웠던 그 길이
너희들을 행복하다 느끼게 해 줄 것이다.

오늘

오늘을 생각합니다.

당신의 오늘은 어떻습니까?

혹시 오늘이 힘들지는 않습니까?

지나가 버린 어제의 오늘
그리고 그제의 오늘
또 많이 지나가 버린 과거의 오늘들을 생각해 보세요.

마냥 행복하기만 했던
오늘이 얼마나 되던가요.

하지만
많이 힘들었던 오늘이었지만
최선을 다해 살았던
지나간 오늘들을 생각해 보세요.
비록
그 순간들이 힘들었을지라도

지나가 버린 과거의 오늘들이
그리워지지는 않습니까?

우리는 흔히
오늘을 위해
또는 내일을 위해
살아가고 있다고 하지요?

아니요.
우리는 과거의 오늘들을
추억하며 살아가는 겁니다.

오늘이 힘들다고요?
그래도 최선을 다해
살아 보세요.

먼 훗날
힘들었던 오늘이
당신을 활짝 웃게 할

참 그리운

과거의 오늘이 될 것입니다.

오늘이란 시에 대하여

사랑하는 딸!

우리는 누구나 현재와 과거 그리고 미래를 살아가고 있다.

아빠는 오늘이란 시를 통해 말하고 싶은 이야기는 과거를 그리워하며 살자는 말이 아니다.

현재가 비록 힘들고 어려워서 시련처럼 느껴질지라도 지금 할 수 있는 최선을 다해 살아가자는 것이다.

우리는 누구나 현재가 주어지고 현재를 통해 과거가 생산되며 미래라는 희망을 바라보며 살아간다.

아빠는 이 시에서 '우리는 현재와 미래를 위해 살아가는 것이 아니라 과거를 추억하며 살아간다.'라고 말했다.

언뜻 잘못 생각하면 우리의 현재와 미래보다 과거의 추억이 중요하다는 말로 오해할 수도 있을지 모르겠다.

사랑하는 딸!

현재를 최선을 다해 살아가지 못한다면 우리는 아름다운 추억을 가지지 못한다.

현재 이 시간 최선을 다해 살아간 자만이 행복한 추억이라는 부산물을 가질 수 있고 우리를 좀 더 편하게 맞아 줄 미래가 기다리고 있지 않겠니?

사랑하는 딸!

우리가 가끔 과거라는 부산물을 꺼내 보며 웃고 즐길 수 있었던 것도 나름 오늘을 최선을 다해 살았다는 증거가 아니겠니?

하나님의 축복

아빠는 지금까지 순간순간이 힘들었고 순간순간이 시련이라 생각할 때가 많았던 것 같다.

너무도 가난한 집에서 태어나고, 언제나 술에 취한 할아버지를 보며 자랐으며, 때로는 빚쟁이에게 시달리는 할머니를 보며 힘들어했고, 힘들게 직장을 잡아 맨몸으로 결혼하고, 직장생활 3년 만에 타의에 의해 직장을 그만두어야 했다.

직장을 그만두고 하는 일마다 일이 신통치 않아 때로는 쓰러지고 싶을 때도 많았다.

아빠는 이 모든 일들이 시련이라 생각했다. 하지만 지금 생각해 보니 가난한 어린 시절에도 아빠는 웃으며 자랐고, 아무리 힘들어도 할머니는 아빠를 그리고 아빠 형제들을 포기하지 않았으며, 아빠가 힘들어 주저앉고 싶을 때 엄마는 아빠를 잡아 줬다. 그리고 직장을 그만두던 해 태어난 우리 딸을 보며 아빠는 쓰러질 수가 없었다.

아빠는 매 순간 아빠의 인생이 시련의 연속이라 생각했다. 하지만 이제 생각하니 시련은 아빠를 단련시켜 주는 하나님의 선물이었고, 아빠에게 더 큰 행복을 주기 위한 하나님의 축복이었다.

5장

성 장

우리 딸의 성장 이야기

성장

눈에 보이지도 않고
말로 표현할 수도 없지만

너는
어제와 다르다는 게 느껴진다.

우리 딸의 성장 이야기

우리 딸이 언제부터 엎어지고 언제부터 기었으며, 언제 일어났고 언제부터 걸었는지 정확한 날짜를 기억해 낼 수는 없다. 하지만 우리 딸은 생후 9개월부터 혼자 일어설 수 있었고, 그때 우리 딸은 음악 소리에 무척 민감했었다. 어디서 음악이 나오기만 하면 엉덩이를 흔들며 춤을 추었다. 아빠는 지금까지 우리 딸처럼 예쁘게 춤을 잘 추는 아이를 본 적이 없다. 그리고 우리 딸은 10개월부터 걷기 시작했고, 돌 전에는 서툴기는 하지만 제법 뛰어다니기까지 했다.

우리 딸은 이렇게 눈에 보이지도 않고, 말로 표현할 수도 없지만, 하루하루 다른 모습을 하며 성장해 왔다.

우리 딸 신기하다.

바둥바둥
우리 딸 우습다.

엎어져서 힘들어하는
우리 딸 참으로 우습다.

손발을 움직여도
결국, 그 자리
우리 딸 참으로 우습기만 하다.

그런데
어느 순간
드디어 기었다.
우리 딸 참 신기하다.

잡고 서고
이제 겨우 한 발짝 띠었다.
우리 딸 참으로 신기하다.

돌 전에 걷고
돌 때는 뒤뚱뒤뚱 뛰기까지 하다니
우리 딸 참으로 신기하기만 하다.

변화

'태초'라는 단어를 사전에서 찾아봤다. '하늘과 땅이 처음 생겨남'이라 되어 있더구나.

태초부터 지금까지 쉼 없이 시간은 흘러왔고 앞으로도 흘러갈 것이다.

그렇다면 시간의 흐름은 어떻게 알 수가 있을까?

우리는 시냇물이 흘러가는 것은 눈으로 볼 수도 있고 만져 볼 수도 있다. 그리고 바람이 분다는 것은 눈으로는 볼 수 없어도 나뭇잎이 흔들리는 것, 우리의 볼을 스쳐 지나가는 감촉으로 느낄 수는 있다. 하지만 시간은 눈으로 볼 수도 느낌으로 알 수도 없다.

시간의 흐름은 변화를 통해 알 수 있는 것 같다. 계절의 변화 생물의 성장 등, 세상의 모든 삼라만상은 시간의 흐름에 따라 변하지 않는 것은 없다.

우리 딸의 성장이 그렇다.
빨간 핏덩이로 태어나 목도 가누기 힘들어하던 놈이 어느 순간 바둥

거리더니 드디어 엎어지더구나. 앞으로 나아가려 발버둥을 쳐도 얼굴만 뻘게지고 조금도 앞으로 나아가지 못하고 지쳐 버렸다.

어느 순간 발을 방바닥에 대고 밀며 앞으로 나아갔다. 드디어 우리 딸이 작용과 반작용의 법칙을 발견하는 순간이었다.

스스로 좀 더 자유로워진 우리 딸은 이제 방 구석구석을 돌아다니며 방 구조를 익혔고 그러던 어느 날 장식장을 잡고 힘겹게 일어설 수가 있게 되었다. 드디어 중력을 이기고 직립보행을 준비하기 시작한 것이다.

앞을 향해 한 발을 내딛기가 어려웠지 넘어지면서도 두 발 세 발을 떼기 시작하더니 뒤뚱뒤뚱 걷는 것은 그리 어려운 일은 아니더구나. 우리 딸이 뒤뚱뒤뚱 걷기 시작한 지는 생후 10개월 때부터로 기억한다. 그리고 첫돌을 맞았을 때는 제법 뛰어다니기까지 했다.

너의 변화는 시간과 함께했다. 순간순간 하루하루는 언제나 똑같아 보였지만, 분명 너는 변해 가고 있었다.

아빠는 너의 변화를 통해 시간의 흐름을 느낀다. 아빠는 우리 딸이 앞으로 어떻게 그리고 어디까지 변할지는 알 수 없다. 하지만 아빠는 지금까지 우리 딸의 변화를 지켜보며 기뻐했고 대견해했던 것처럼 언제나 우리 딸의 변화를 응원할 것이다.

여기에서 변화는 외모만이 아닌 너의 마음과 너의 생각까지 포함된 변화를 말하는 것이다.

천만다행이다.

언젠가 TV에서 아기 발을 잡고 움직여 주면 뇌가 발달한다는 정보를 들었다. 그래서 아빠는 틈만 나면 우리 딸 발을 잡고 흔들어 주며 놀았다. 그럴 때마다 우리 딸은 깔깔대며 웃었고 아빠는 더 열심히 우리 딸 발을 흔들며 놀아 줬다.

딸은 드디어 유치원생이 되었다. 역시 운동의 효과가 있었던 걸까? 우리 딸은 천재임이 틀림없다. 아빠는 참 흐뭇했다.

그리고 초등학생이 되었다. 역시 운동의 효과가 있었던 걸까? 우리 딸은 열심히만 하면 뭐가 돼도 될 것 같았다. 하지만 아빠는 발 운동을 조금 더 시켜 줬으면 좋았을 걸 하는 생각도 들었다.

우리 딸이 중학생이 되었다. 역시 운동의 효과는 있기는 있는 것 같다. 그러나 운동이라는 걸 맹신하는 것은 좋은 방법이 아니라는 생각이 들었다.

우리 딸이 고등학생이 되었다. 역시 운동의 효과는 평생 지속될 수는 없는 것 같다는 생각이 들었다.

우리 딸이 대학생이 되었다. 그래도 그때 아빠가 그렇게라도 발을 잡고 놀아 주지 않았으면 큰일 날 뻔했다. 천만다행이다.

지호야 아빠가 웃으려고 한 소리야. 우리 딸은 언제나 아빠에게는 최고의 딸이란다.

아빠는 우리 딸이 있어 '천만다행이다.'

첫돌

아장아장 걸었다.
우리 딸 첫돌에.

삼촌이 만든 케이크에
덩그러니 한 송이 촛불이 켜지고
그렇게 축하해 줬다.
우리 딸 첫돌에.

돌잡이도 없었다.
우리 딸 첫돌에.

그러기에
우리 딸은 뭐가 돼도 이상하지 않다.

아빠는
우리 딸이 행복한 일이라면 뭘 해도 좋다.

우리 딸 첫돌에

돌잡이가 없어서
아빠는 참 다행이라 생각한다.

돌잔치

우리 딸 돌잔치는 연리 시골집(아빠 친가)에서 가족들과 함께했다.

케이크는 외삼촌이 직접 만들었다. (당시 외삼촌이 제과점을 하고 있었다.)

케이크에 한 송이 촛불을 켜 놓고 축가를 불러 줄 때 우리 지호는 엉덩이를 흔들며 춤을 추었단다.

우리 딸 돌잔치에는 돌잡이 행사도 없었다.

그래서 우리 딸은 뭐가 돼도 이상하지 않다.

그저 우리 딸이 행복한 일이라면 뭘 해도 좋다.

아빠는 언제나 우리 딸을 기도하며 응원한다.

아가의 꿈

우리 아기는 꿈을 꿉니다.
푸른 하늘 한 점 구름배 타고
두리둥실 하늘나라 여행하는 동화 나라 꿈을.

우리 아기는 꿈을 꿉니다.
푸른 바다 한 마리 돌고래 타고
인어공주와 놀고 있는 동화 나라 꿈을.

우리 아기는
고요히 감은 눈가에
생긋 웃음 웃으며 꿈을 꿉니다.
피터팬을 따라
하늘을 나는 동화 나라 꿈을.

아빠는 우리 딸이 자는 모습을 바라보며, 우리 딸은 꿈도 행복하기만을 바라는 마음으로 시 한 편을 써 봤다.
아빠는 우리 딸이 인어공주가 되기를 바라지 않는다. 인어공주는 너무 슬프단다.

아빠는 우리 딸이 피터팬이 되기를 바라지 않는다. 우리 딸은 세월이 지나면서 몸도 자라고 마음도 자라며, 그 나이에 맞는 행복한 사람이 되기를 바란다.

재롱꾸러기

롤 화장지를
온 방에 풀어 놔도
아빠 눈에는 재롱꾸러기.

색연필로 온 벽에
낙서를 해 놔도
아빠 눈에는 여전히 재롱꾸러기.

장롱 속
엄마 옷을 다 꺼내 놓고
엄마 옷을 입고 요염하게 앉아 있어도
아빠 눈에는 너무도 예쁜 재롱꾸러기.

세상의
어떤 말 짓을 해도
아빠 눈에는 그 나이에 꼭 할 짓만 하는
우리 딸은 재롱꾸러기.
우리 딸 4살 때 모습들이다.
때론 롤 화장지를 온방에 풀어 놓기도 하고, 때론 책을 찢어 놓기도

하고, 엄마 장롱을 다 뒤져 엉망으로 만들어 놓기도 했으며, 서랍을 열어 서랍 속 잡동사니를 다 꺼내 놓기도 했었다.

하지만 아빠 눈에는 이 모든 일들이 그 나이에 꼭 할 짓들이라 생각한다. 그래서 이렇게 할 짓만 하는 우리 딸을 도저히 혼을 낼 수 없어서 언제나 아빠는 웃기만 했다.

목욕하는 시간

목욕하는 시간은
재미있는 놀이시간.

목욕하며
우리 딸 거품 수염도 붙이고

목욕하며
우리 딸 거품 브래지어도 해 보고

목욕하는 시간은
재미있는 놀이시간.

아빠와
물장구도 치고

아빠와
우리 둘만이 아는 미끌미끌 놀이도 하고

딸아! 기억나니?

아빠와 목욕하며 엄마에게 혼났던 일들을. 시끄럽다고 혼나고, 욕실을 어지럽혔다고 혼나고, 목욕을 오래 한다고 혼나고.

딸아! 하지만 우리가 이렇게 사이좋은 부녀가 된 것도 어쩌면 우리 딸과 목욕하며 놀았던 것들이 많은 도움이 되었다고 아빠는 생각한다.

목마

하늘로 힘차게 뛰어올라
털썩 앉으면
야! 내가 제일 크다.

목마 타고
폴짝폴짝 뛰어도
우리 딸
무섭지도 않은지
큰 소리로 웃기만 한다.

겁이 많아
범퍼카도 못 타면서
그 높은 목마는
무섭지도 않은가 보다.

아빠 몸을
빙그르 돌며 내려오면
우리 딸
"아빠! 또 목마 탈래."

5살 때 사진들은 유독 목마를 타고 찍은 사진들이 많구나. 우리 딸은 목마도 참 많이 탔었는데. 그래서 목마를 타는 우리만의 방법과 목마에서 내려오는 우리만의 방법이 있었는데 우리 딸 기억하고 있는지 모르겠다.

재롱잔치

고만고만한 놈들이
병아리처럼
한 줄로 서서 들어온다.

긴장도 할 법한데
객석에 있는 엄마 아빠를 찾느라
연신 객석을 향해 눈을 두리번거린다.

무대에 나와
정해진 자리에 서면
음악이 나온다.

음악과 함께
율동을 하고

율동이 끝나자
"엄마 아빠 사랑해요."
입이 찢어져라 큰 소리로 외친다.
예쁘지만

아빠는 차라리 재롱잔치가 없었으면 하고
속으로 생각한다.

재롱잔치 사진을 보며

아빠는 지금 우리 딸 재롱잔치 사진들을 보고 있다.

검은 티에 검은 타이즈, 그리고 허리에는 분홍색 천으로 벨트처럼 묶어 포인트를 준 사진이다.

그런데 우리 딸이 맨 앞줄 한가운데 서 있다.

그럴 때 부모들은 '역시 우리 딸이 예쁘고 잘하니까 그럴 거야.'라고 해석한다.

그리고 재롱잔치를 다 보고 나면 '역시 우리 딸이 제일 예쁘고 제일 잘했어.'라고 생각한다.

하지만 재롱잔치를 준비하며 힘들었을 우리 딸을 생각하면 차라리 재롱잔치를 하지 않았으면 좋겠다는 생각도 해 본다.

부채춤

양손에 펼쳐진 부채는
공작의 활짝 편 깃털인 양
화려하기만 하다.

총총걸음으로 무리 지어
두 손 높이 치켜드니
어느새 한 송이
아름다운 양귀비

빙글 돌며
한들거리는 꽃잎은
마치 산들바람에
향기라도 날듯 황홀하기만 하다.

다시 흩어지며
너울대는 꽃잎들은
한 잎 한 잎
살아 움직이는 듯 나풀거리는구나.

우리 딸 마지막 재롱잔치다. 이때 우리 딸은 화려한 한복을 입고 부채춤을 추었었다.

아빠는 잘 모르는데 부채춤을 추다 실수를 했다며, 우리 딸이 재롱잔치가 끝나고 많이 우울해했었단다.

하지만 아빠 눈에는 우리 딸은 모든 것이 완벽했었다.

유치원 졸업식

금방 알을 깨고 나온 듯
병아리 같은 녀석들이
몹시도 시끄럽게 조잘댄다.

무엇이 그리도 좋은지
입을 쩍 벌려 웃는 녀석들은
한결같이
이 빠진 도장구들이다.

헤어진다는 것이 무엇인지
또 다른 세상이 무엇인지
이들에게는 관심이 없다.

엄마 아빠가 있어 좋고
꽃다발을 받아 좋고
내일부터 유치원에 가지 않아 좋은가 보다.

우리 딸 유치원 졸업식이 있는 날이다.
강당에 졸업하는 아이들과 꽃다발을 든 엄마 아빠 그리고 많은 사람으로 좁은 강당은 분위기가 들뜨고 어수선했다.

원장 선생님께서 어수선한 분위기를 가라앉히려 몇 명에게 노래를 부르게 했다.

우리 지호도 그중 한 명이었다. 우리 지호가 무대 앞에 나가자 엄마 아빠는 사진을 찍으며, 과연 무슨 노래를 부를지 궁금했었다.

그런데 그 많은 노래 중 집에서는 한 번도 부르지 않던 '산토끼'?

이 노래로 우리 지호는 두고두고 엄마 아빠의 놀림거리가 되었단다.

국민학교와 초등학교

국민학교 입학식은 커다란 운동장에서 했다.
그런데 초등학교 입학식은 커다란 강당에서 하더구나.

국민학교 입학식은 찬바람이 불어 몹시도 추웠다.
그런데 초등학교 입학식엔 강당에 따뜻한 온풍기로 공기를 덥혀 놓았더구나.

국민학교 아이들은 앞가슴에 손수건을 차고 있었다.
그런데 초등학교 아이들은 손수건을 차지 않은 걸 보면 콧물도 나오지 않는가 보다.

국민학교 입학식엔 아이만 있었다.
그런데 초등학교 입학식엔 엄마 아빠 그리고 할머니 할아버지도 있더구나.

국민학교 입학식엔 책가방도 없었다.
그런데 초등학교 입학식엔 책가방에 모든 것이 다 들어 있더구나.
국민학교 첫 수업엔 연필 잡는 법부터 시작했다.
그런데 초등학교 첫 수업엔 책을 읽고 글씨를 쓰며 시작하더구나.

국민학교 간식은 미국이 지원해 준 옥수수빵을 먹었다.
그런데 초등학교에서는 점심도 주더구나.

우리 딸이 드디어 초등학생이 되었다. 엄마 아빠가 다니던 국민학교와는 많이 다르다는 생각이 든다.

먼 훗날 우리 딸이 학부모가 될 때는 초등학교가 어떻게 달라져 있을까?

그때 아빠의 글을 보며 우리 딸도 한번 비교해 보는 시간을 가져 보렴.

정체성 1

밤은 깊어만 가는데
나는 잠을 이룰 수가 없었다.

나는 이 세상에 왜 태어난 걸까?

이 넓은 우주

그중 우리 은하

우리 은하의 작은 행성 지구

지구의 한 점 대한민국

내가 있는 이곳

그리고 나

나란 존재는?

밤은 어느새 하얗게 변해 가는데

내 베개는 눈물로 젖어 있었다.

우리 딸은 이런 고민을 중학교 때 했었다고 한다.
아마도 우리 딸 사춘기가 이때가 아닌가 생각된다.

정체성 2

수많은 날들

나는 쉽게 잠든 밤이 없었다.

많은 책을 읽었고

많은 생각을 했고

많이 울었다.

하지만 나를 찾을 수는 없었다.

우리 딸은 우리 딸을 찾기 위한 고민을 이때 하지 않았나 생각된다.
나는 왜 태어났지?
나는 존재의 가치가 있는 걸까?

정체성 3

그러던 어느 날

이 넓은 우주

그중 우리 은하

우리 은하의 작은 행성 지구

지구의 한 점 대한민국

내가 있는 이곳

그리고 나

이 모든 것들이 하나님이 만드신 것인데?

이날도 나는 많이 울었다.

사랑하는 내 딸 지호야!

우리 딸은 중학교 시절 자기 정체성을 찾기 위해 많이 힘들었다고 했다.

수많은 날들을 고민했고, 그리고 많이 울었다고 했다.

우리 딸 참으로 장하다.

우리 딸이 누구인지를 스스로 고민하고 스스로 찾아가며 이렇게 바르고 하나님 보시기에 아름답게 자라 줘서.

사랑하는 내 딸!
엄마 아빠는 언제나 우리 딸을 응원하고 우리 딸을 위해 기도한다.

성장통

나무의 나이테처럼
한 해 한 해의 흔적들이 남아 있습니다.

그때는 비록 힘들고
그때는 비록 아픔이었지만
시간이 지나 그날들을 생각하면
그때의 아픔이 지금의 나를 있게 한 것 같습니다.

한겨울 매서운 추위에
때로는 어린 내 가슴이 시리고 아렸습니다.

그때는 비록 춥고
그때는 내 마음이 꽁꽁 얼어 버릴 것 같았지만
시간이 지난 지금은
그때의 일들이 내 심장을 더 뜨겁게 만든 것 같습니다.

힘들었던 지난날들이
나이테처럼 상처로 남아 있고
매서운 추위에 꽁꽁 얼어 버렸던 마음이었지만

지금 내가 이렇게 튼실하게
자랄 수 있었던 것도
그때의 일들을 잘 견뎌 냈기 때문입니다.

힘들고 어려움도 잘 견뎌 내고 튼실하게 자란 내 딸!
앞으로도 힘들고 어려운 일들이 많을 거야.
하지만 지금까지 잘 자라 준 것처럼 먼 훗날 우리 딸은 더욱 아름답고 더욱 건강한 모습으로 그렇게 성숙해 있을 거라 아빠는 믿는다.

6장

공 감

서로를 이해하기

공감

너의 생각을 내가 품고
너의 마음을 내가 품고
너의 행동을 내가 품으며
너의 뜻을 내가 품었다.

언젠가는
나의 생각을 네가 품고
나의 마음을 네가 품고
나의 행동을 네가 품으며
나의 뜻을 네가 품어 다오.

공감이란 생각과 뜻이 같은 것이 아니라 큰 사람이 작은 사람을 품어 주는 것이 공감이 아닐까 하는 생각을 해 봤다.
지금은 엄마 아빠가 너를 품었지만 언젠가는 우리 딸이 엄마 아빠보다 더 큰 사람이 되어 엄마 아빠를 품어 줘야 할 때가 오지 않을까 하는 생각을 한다.

5월

5월은 아빠 기억 속엔 너무도 슬픈 달이었다.
너무도 많은 꽃들이 활짝 피었기에 슬펐고
너무도 푸른 하늘과 푸른 나무가 있었기에 슬펐고
이 모든 것들이 너무도 아름답기에 슬펐다.

그리고 어느 5월
어디에선가 많은 꽃들이 떨어지고
수많은 사람들의 마음이 시퍼렇게 멍이 들었기에
어느 5월은 너무도 슬픈 달이었다.

바로 지금의 5월
바로 지금의 5월만큼은 우리 딸이 있어 좋고
우리 딸이 있어
아빠는 많은 위로가 된다.

먼 훗날 어느 5월
먼 훗날 어느 5월에는
우리 딸도 5월의 슬픔을 이해할 수 있는 사람이 되었으면 아빠는 정말 좋겠다.

아빠 대학 시절 오월이면 공기보다 최루가스를 더 많이 마셨고 책과 연필보다 화염병을 더 많이 들었던 것 같다.

사랑하는 딸아!
이 땅에 다시는 이런 아픔이 있어서는 안 되겠다.
그러기 위해서는 우리가 그때의 아픔을 잊지 말아야 한다.

우리 아빠는 과일 장사

친구 아빠는 의사
또 다른 친구 아빠는 변호사
그런데 우리 아빠는 과일 장사.

학교가 끝나고 집에 오는 길에
아빠가 과일을 팔고 있다.
왜 하필 여기에서.

나는 갑자기 얼굴이 달아오르고 가슴이 뛰었다.
나는 아빠를 피했다.

너무도 좋은 아빤데
나는 순간 아빠가 싫어졌다.
그리고 그런 나도 싫어졌다.

아빠는 대학까지 나와서
왜 하필 과일 장사야?

아빠 왜 하필 과일 장사야?

이날도 아빠와 재미있게 놀고 있었다. 아빠는 나와 잘 놀아 준다. 친구들과 이야기를 해 봐도 우리 아빠만큼 잘 놀아 주는 아빠는 없는 것 같다.

나는 아빠에게 물어봤다. "아빠는 대학까지 나와서 왜 하필 과일 장사야?"

어떤 물음에도 술술 말해 주던 아빠가 지금은 아무 말도 못 한다. 아빠와의 놀이가 갑자기 이상해졌다. 내가 괜한 질문을 했나 보다.

"지호야! 아빠가 좀 피곤한데 다음에 놀까?"

아빠가 안방에 들어간 후 나는 이불 속에서 많이 울었다.

그리고 어느 날

"지호야! 이 세상에는 얼마나 많은 직업이 있다고 생각하니?"

어느 정도 잊은 이야기인데, 아빠의 질문에 나는 아무 말도 할 수가 없었다.

"이 세상에는 수없이 많은 직업이 있단다. 그런데 만약 대통령, 판사, 의사, 청소부 이렇게 4가지 직업만 있다고 한다면 우리 지호는 이 중 어떤 일을 하는 사람이 가장 훌륭한 사람이라고 생각하니?"

이 질문에도 나는 아무 말도 할 수가 없었다.

"아빠 생각에는 이들이 선하다고 한다면 모두 똑같이 훌륭한 사람들이라 생각한다. 그런데 이들이 만약 악한 마음을 가진 사람이라면 누가 가장 더 많은 사람을 힘들게 하겠니?"

그제야 나는 들어가는 목소리로 "대통령?"이라고 말했다.

"그래! 우리 역사에도 악한 대통령이 있어 많은 국민을 힘들게 했고, 악한 판사가 있어 죄 없는 자를 죄인으로 죄 있는 자를 죄 없는 자로 만드는 일이 있었다. 그런데 청소부 아저씨가 악하면 거리가 조금 지저분

하고 만단다. 아빠는 어쩌다 보니 과일 장사가 되었다. 아빠는 최선을 다해 좋은 과일을 많은 사람에게 팔려고 한다. 아빠는 엄마와 우리 딸을 위해 열심히 일하는 거야."

이날 나는 아빠 품에 안겨 펑펑 울었다.

'아빠! 사랑해요. 많이많이.'

그 이후

그 이후로 나는 이 세상에서 우리 아빠가 가장 훌륭하다고 생각한다.

누가 아빠는 뭐 하시니? 하고 물으면
"우리 아빠는 과일을 파서요."
나는 자신 있게 대답한다.

'아빠! 사랑해요. 그리고 미안했어요.'

아빠가 우리 딸 시점에서 글을 써 봤다.

어느 날 갑자기 우리 딸이 "아빠는 대학까지 나와서 왜 하필 과일 장사야?"라고 물었을 때, 아빠는 아무 대답도 할 수가 없었다.

아빠가 우리 딸에게 뭐라 말을 해 줘야 되나 많이 생각했다. 그래서 아빠는 네 가지 직업을 예로 들어 우리 딸에게 이야기를 해 줬었지. 다행히 우리 딸은 아빠 말을 잘 알아들었다.

그다음부터 우리 딸은 어디에 가도 우리 아빠는 과일 장사라고 말을 했고, 심지어는 누가 묻지도 않았는데 우리 아빠는 과일 장사라고 이야기를 했다.

사실 아빤, 아빠가 과일 장사여서 우리 딸에게 미안했다. 아빠가 모든 직업은 똑같다고 했지만, 아빠도 직업에 대한 콤플렉스가 없다면 거짓말이다. 그런데도 우리 딸은 지금까지 아빠를 자랑스럽게 생각해 줘서 너무도 고맙다.

눈물도 많은 우리 딸이 이 글을 읽게 되면 얼마나 울게 될지 걱정된다.

딸아!

아빠는 우리 딸에게 좋은 아빠가 되려고 최선을 다했고, 아빠에게는 그것이 최고의 행복이었다.

7장

사 랑

사랑은 있는 그대로 지켜봐 주는 것

사랑 만들기

돌덩이 같은 이기적인 마음을
부수고 부수고 부수어
가루로 만들었습니다.

가루가 된 마음을
믿음이란 물로
곱고도 곱게 이겼습니다.

곱게 이겨진 마음을
정열이란 물레 위에 올려놓고
정교한 손놀림으로
새로운 마음을 만들어 갔습니다.

새롭게 빚어진 마음을
인내라는 그늘에 말려
소망이란 유약으로 아름답게 치장을 했습니다.

아름답게 치장된 마음을
오래 참음이란 가마에 넣고

몇천 도의 온도로 몇 번을 구워냈습니다.

새롭게 구워진 마음은
더 이상 시기와 질투와 미움만이 가득한
돌덩이 같은 옛 모습이 아닌
믿음과 소망과 사랑만이 가득한
예수를 닮은 거룩한 마음이 되었습니다.

에피소드

지호야! 사랑 만들기란 시에는 하나의 에피소드가 숨어 있다.

아빠는 크리스마스가 되면 엄마에게 크리스마스카드를 보냈었다. 이것은 결혼 전부터 해왔던 아빠가 해야 할 당연한 일 중 하나였다.

그런데 우리 딸이 태어난 해의 크리스마스에는 엄마에게 보낼 카드는 준비했는데 연말 회사 일이 너무 바빠 카드를 보내지 못하고 크리스마스이브가 되어 버렸다.

아빠는 어떻게 할까 궁리하던 끝에 준비한 카드를 들고 아산 우체국에 갔다. 그리고 우체국 직원에게 카드는 아빠가 직접 부칠 테니 우표에 도장만 찍어 달라고 부탁했다. 다행히 우체국 직원은 도장을 찍어 주더구나.

아빠는 그 카드를 들고 우리 지호 첫 번째 크리스마스를 축하할 케이크와 함께 집에 왔다.

아빠는 이 시가 들어 있는 카드를 우리 집 우편함에 넣었고, 엄마는 아빠의 크리스마스카드를 무사히 받게 되었다.

'사랑 만들기'라는 TV 다큐 프로에서 어느 도공이 도자기를 만드는 과정을 보여 준 적이 있었는데 이것을 보고 지은 시이다.

이익을 남기는 삶(사랑의 법칙)

우리 딸이 한번은 나에게 이런 말을 했단다. "엄마가 아빠를 사랑하는 것보다 아빠가 엄마를 더 많이 사랑하니까 아빠가 언제나 손해 보는 것 같아."

이 말에 아빠는 우리 딸에게 이런 비유로 이야기해 줬단다.
"만약 우리 딸과 우리 딸 친구가 똑같은 인형을 가지고 있는데 우리 딸은 그 인형을 50만큼 좋아한다고 하자, 그런데 친구는 그 인형을 100만큼 좋아한다면 누가 이익일까?"

우리 딸은 "친구가 이익이지."라고 대답했다.

"그럼 아빠가 엄마를 100만큼 사랑하고, 엄마가 아빠를 50만큼 사랑한다면 엄마 아빠 중에서 누가 이익이니?"

우리 딸은 한참 생각한 후 픽 웃으며 "말은 잘해요."라고 하며 이야기를 마친 적이 있다.
나는 내가 할 수 있는 최선을 다해 사랑하는 것, 그것이 사랑의 법칙에서 최고로 많은 이득을 남기는 삶이라고 생각한다.

많은 사람은 사랑도 내가 준 만큼, 아니 그 이상으로 받아야 행복할 것이라 생각하는 것 같다. 물론 사랑을 받는 것도 행복한 일이다. 하지만 사랑은 더 많이 하는 쪽이 더 행복한 거고 당연히 그래서 사랑을 많이 주는 사람이 더 많은 이익을 남기는 것이다.

적어도 내가 알고 있는 사랑의 법칙은 그렇다.

나는 장사꾼이다.

나는 장사꾼이다.
나는 언제나 많은 이익을 남기기 위해 열심히 일을 한다.
좋은 물건을 비싸게 팔거나
싼 물건을 많이 팔거나
나는 언제나 많은 이익을 생각하며 장사하는
나는 장사꾼이다.

나는 집에서도 장사꾼인가 보다.
아내를 내가 더 많이 사랑하고
딸을 내가 더 많이 사랑하고
나는 집에서도 누구보다 많은 이익을 남기려 노력한다.

나는 정말 장사꾼인가 보다.

사랑과 돈의 공통점

예전에도 그랬지만 요즘 특히나 경기가 좋지 않다는 말을 많이 한다. 그래서인지 사람들이 미래에 대한 불확실 때문에 돈을 쓰지 않으려 하는 것 같다.

사실 돈이라는 것이 서로 많이 써야 돌고 돌아 경기가 좋아지고, 기업들도 돈을 쌓아 두지 않고 투자해야 고용도 촉진되고 사회가 활기차게 돌아가는 것인데 말이다.

사랑도 마찬가지이다. 사랑한다는 마음을 마음속에 담아 두고 표현하지 않으면 가정도 삭막해지고 사회도 삭막해지는 것이다.

사랑은 많이 표현하면 할수록 내 마음도 풍성해지고 가정도 사회도 밝아지는 것이다.

하지만 돈이라는 놈을 사용해도 도박이나 마약 같은 잘못된 곳에 사용하면 오히려 자기 개인을 나아가서는 사회와 나라를 멍들게 할 수도 있다.

사랑도 마찬가지인 것 같다. 사랑이라는 것을 잘못 생각해서 동물적인 감정을 해소하는 곳에 사용하고 정작 사랑을 표현해야 할 곳에는 표현하지 못한다면 개인과 가정, 나아가서는 사회를 멍들게 할 수가 있다.

전혀 관계없을 것 같은 사랑과 돈이 참으로 많은 공통점을 가지고 있다는 생각이 든다.

이미 우리 딸은 사랑의 표현도 그리고 돈도 잘 쓴다. 앞으로도 지금보다 더 사랑하고 더 좋은 곳에 돈도 잘 쓰는 사람이 되기를 바란다.

너란 놈은

한 점으로 존재할 때부터
넌 엄마의 심장에 널 새기기 시작했다.

콩닥콩닥
너의 심장 소리는
엄마의 심장에 기쁨을.

콩닥콩닥
너의 심장 소리는
엄마의 심장에 행복을.

콩닥콩닥
너의 심장 소리는
엄마의 심장에 영원히 지워지지 않을 널 새겨 놓았다.

그래서
엄마는 죽을 때까지
널 사랑할 수밖에 없다.

그런데
너란 놈은
엄마의 심장에 널 새겨 놓았다는 걸
까맣게 잊어버렸더구나.

나란 놈은

나도
누군가에게
한 점으로 존재했겠구나.

나도
누군가의 심장에
나를 새겨 놓았겠구나.

누군가도
내가 새겨 놓은 흔적 때문에
죽을 때까지 나를 사랑할 수밖에 없었겠구나.

그런데
나란 놈은 내가 새겨 놓은 흔적들을
까맣게 잊어버렸구나.

나는
네가 새겨 놓은 흔적들을 통해
내가 새겨 놓았을 흔적들을

미루어 짐작할 수밖에 없다.

이것이
나란 놈이다.

흔적

넌 엄마 아빠의 심장에 널 조각해 놓았다.
그래서 엄마 아빠는 널 영원히 사랑할 수밖에 없게 되었다.

엄마 아빠도 누군가의 심장에 엄마 아빠를 조각해 놓았을 것이다.
그래서 그 누군가도 엄마 아빠를 영원히 사랑할 수밖에 없었을 것이다.

넌 엄마 아빠의 심장에 또렷이 조각되어
엄마 아빠의 심장이 뛸 때마다 네가 느껴진다.
그런데 엄마 아빠는 엄마 아빠가 새겨 놓았을 조각들이 생각이 나지 않는구나.

엄마 아빠는 네가 새겨 놓은 조각들을 느끼며
엄마 아빠가 새겨 놓았을 조각들을 짐작해 본다.
하지만 엄마 아빠의 기억 속엔 여전히 엄마 아빠가 새겨 놓았을 조각들이 생각이 나지 않는다.

그래서 엄마 아빠는 네가 새겨 놓은 조각들을 통해 엄마 아빠가 새겨 놓았을 흔적들을 미루어 짐작해 본다.

엄마 아빠는 널 사랑하는 마음이 크면 클수록

엄마 아빠가 참 나쁜 놈이란 생각이 든다.

사랑하는 내 딸아

　위에 있는 세 편의 시(너란 놈은, 나란 놈은, 흔적)는 우리 딸에게 하고 싶은 이야기이기보다 아빠에게 하고 싶은 이야기란다.

　지금 생각해 보니 할아버지 할머니도 언제나 최고의 사랑을 아빠에게 주었을 텐데 아빠는 그 사랑을 최고의 사랑으로 받아들이지 못했다는 죄송함이 크게 든다.

　이제 와 보니 할아버지 할머니가 많이 늙으셨고 많이 힘이 없어 보이는구나.

　아빠는 죄송한 마음이 많이 든다.

　아빠 마음에 우리 딸을 사랑하는 마음이 크면 클수록 할아버지 할머니에게 더 죄송한 마음이 드는 것은 그분들도 아빠가 널 사랑하는 것처럼 아빠를 사랑하는 마음이 똑같았을 거란 생각이 들기 때문이다.
　아빠가 이 책을 우리 딸에게 선물할 때 그분들이 이 세상에 계셔서 우리 딸 결혼을 축하해 줄 수 있을지 모르겠다.

　사랑하는 내 딸아!

할아버지 할머니는 너를 참 많이 사랑했단다.

덧붙이는 말

할아버지는 위에 있는 글을 쓰고 있을 때는 많이 아프셨단다. 그리고 2019년 9월 19일 아침에 할머니 그리고 아빠와 태호 삼촌이 지켜보는 가운데 하늘나라에 가셨다.

할머니는 2023년 여름에 대장암 수술을 받았다. 다행히 조기 발견되어 수술 후 완치되어 지금은 건강하단다. 지금 아빠가 소망하는 것은 할머니께서 우리 딸 아이들도 볼 수 있기를 소망한다.

덧붙이는 말은 2024년 8월 17일 아침에 썼다.

8장

행 복

서로를 바라보고 웃어 주는 것

행복

날실과
씨실이 얽혔습니다.

날실과
씨실이 얽혀
하나의 베를 이루었습니다.

그 베 위에
청실홍실이 수 놓이고
마침내
아름다운 베가 되었습니다.

날실과 씨실이 삶의 관계라면
우리가 살아가는 여러 욕구가 청실이 되고 홍실이 되어
우리의 삶이 윤택해지고
그 결과 우리 삶이 행복하다고 느끼게 되는 것이 아닐까?

먼 훗날
우리가 살아온 삶의 발자취를 뒤돌아볼 때

청실홍실이 수 놓여 아름다운 베를 이루듯 우리가 남긴 삶의 발자취가 아름답게 수 놓여 있을 때

이것이 행복이 아닐까?

행복에 대하여

나는 딸과 행복에 대해 많은 이야기를 했던 것 같다.

'행복은 부와 권력이 많으면 행복할까?'
물론 부가 삶을 윤택하게 할 수도 있고 권력이 삶을 폼나게 할 수도 있을지 모른다. 하지만 부와 권력이 오히려 화가 되는 것을 보면 꼭 부와 권력이 행복의 기준이 될 수만은 없는 것 같다.

언젠가 딸이 이런 말을 했다.
"아빠! 행복은 관계에서 오는 것이 아닐까?"

'관계?'
우리 딸 말이 맞는 것 같다. 나와 가족과의 관계, 나와 이웃과의 관계, 나와 하나님과의 관계가 잘 맺어져 있는 사람.

우리는 **'행복은 좋은 관계를 맺고 사는 사람이 행복한 사람이다.'** 로 결론을 맺었다.

물론 행복하기 위해서는 부와 권력과 등등의 인간의 많은 욕구라는 영양분이 골고루 필요하겠지만, 기본적으로 좋은 관계를 맺고 있지 않으면 인간의 기본 욕구가 오히려 화가 될 수도 있다.

생각해 보면 나도 좋은 관계를 맺기 위해 열심히 살아왔던 것 같다. 아내와 딸 그리고 이웃과 하나님.

그래서 나는 행복한 사람이다.

아빠의 엊그제

엊그제 결혼해서
엊그제 우리 딸이 태어나고
엊그제 기더니
어느새 뛰어다니는구나.

엊그제 옹알이하고
엊그제 말을 배우기 시작하더니
이제는 말도 잘하는구나.

책을 읽는다고
책을 거꾸로 들고 있을 때가
엊그제 같은데
벌써 학교에 들어갈 때가 되는구나.

아빠에게는
모든 과거가
엊그제, 한날에 일어난 일인가 보다.
그리고 아빠의 오늘도
언젠가는 엊그제가 되겠지?

우리 딸과 대화하다 보면 아빠가 엊그제라는 말을 많이 사용하나 보다. '우리 딸이 태어날 때가 엊그제 같은데, 우리 딸이 기기 시작한 지가 엊그제 같은데, 우리 딸이 걷기 시작한 지가 엊그제 같은데, 쇼핑카 타고 쇼핑할 때가 엊그제 같은데' 등등.

한번은 우리 딸이 이런 말을 했단다. "도대체 아빠의 엊그제에는 어떤 일들이 있었던 거야?" 이 말에 우리는 서로 한참 웃었었지.

그러고 보니 아빠의 엊그제에는 참으로 많은 일들이 있었던 것 같다. 그리고 지금 이 순간도 언젠가는 아빠의 엊그제가 되겠지?

표현

사랑은 표현이다.

우리 집에서는 사랑한다는 말을 많이 한다. 어디에서나 어떤 상황에서나 그냥 입버릇처럼 사랑한다는 말을 한다.

우리나라 속담에 '말이 씨가 된다'라는 말이 있다. 나는 이 말을 전적으로 믿는 사람이다.

아내에게 그리고 딸에게 사랑한다는 말을 하면 내 마음속에서는 아내가 그리고 내 딸이 너무도 사랑스럽게 느껴진다.

스킨십도 사랑의 표현이다.

우리 집에서는 스킨십이 생활화되어 있다. 딸이 있어도 나는 아내와 가벼운 뽀뽀를 자연스럽게 한다.

딸은 지금 대학생인데도 불구하고 나에게 자연스럽게 안기고 자연스럽게 뽀뽀를 한다.

대화는 표현의 가장 기본이다.

우리 집은 많은 대화를 한다. 하루에 있었던 일에서부터 자기가 생각하고 있는 이야기들 그리고 남들이 들으면 시시한 이야기들까지 우리는 참으로 많은 대화를 한다.

이 세상에는 표현하지 않고 내 마음을 알아주기를 바라는 만큼 바보 같은 것은 없는 것 같다.

모든 것이 내 복이지 뭐!

우리 딸은 "엄마 아빠 잘 만나서 사랑받으며 자랄 수 있어서 다행이다."라는 말에 "모든 것이 다 내 복이지 뭐!"라고 대답한다.

'그러게 엄마 아빠 잘 만나서 나는 복이 많은 사람이야.'라는 말을 내심 기대하며 한 말인데 모든 것이 자기 복이란다.

이 말을 듣고 나는 복에 대해 다시 생각해 봤다.

그런데 놀랍게도 우리 딸 말이 옳다는 생각이 들었다.

내가 복이 있는 사람이 되기 위해서는 사랑하는 내 딸이, 사랑하는 내 아내가 정말로 복이 많은 사람이 되게 하는 것이다.

그래서 결론은 내가 최선을 다해 내 딸이 복이 있다고 생각하는 사람으로 만들어 주는 것, 내 아내가 진정으로 복이 많다고 생각하는 사람으로 만들어 주는 것, 이것이 내가 복이 있는 사람이 되는 것이다.

불행한 딸을 가지고 있는 사람이, 불행한 아내를 가지고 있는 사람이,

절대로 복이 있는 사람이 될 수는 없으니까. 그리고 이러한 관계가 서로 선순환이 될 때, 복 있는 가정이 될 수 있으니까.

9장

관 계

너와 나 우리는
보이지 않는 인력으로 서로 묶여 있다.

관계

세찬 비바람이 불어와도
네가 있어
나는
넘어지지 않았다.

황량한 벌판에 서 있어도
네가 있어
나는
외롭지 않았다.

좋은 관계는 그냥 옆에서 바라만 봐 줘도 힘이 되는 것이다.

우리두리

나 하나
너 하나
이렇게 우리두리가 되었습니다.

내 마음
네 마음
이렇게 우리두리 한마음이 되었습니다.

참으로 신기합니다.
어떻게 하니 우리두리가 되고
어떻게 하니 우리두리가 하나가 되고
또 어떻게 하니 우리두리가 배가 되었습니다.

힘들고 어려울 때
우리두리 하나가 되어 이겨 내고

기쁘고 즐거울 때
우리두리 기쁨을 나누니 배가 되었습니다.

나는 이 세상

우리두리라 참 좋습니다.

우리서이

나 하나
너 하나
이렇게 우리두리가 되었습니다.

그러던 어느 날
우리가 잡은 손이
또 다른 우리의 작은 손이 있음을 알게 되었습니다.

이제는 우리두리가 아닌
우리서이가 되었습니다.

참으로 신기합니다.
어떻게 하니 우리두리가 우리서이가 되고
어떻게 하니 우리서이가 하나가 되고
또 어떻게 하니 우리서이가 세 배가 아닌 몇 배가 되었습니다.

힘들고 어려움도
이제는 기쁨으로 이겨 내고

기쁘고 즐거움은
이제는 몇 배의 기쁨이 되었습니다.

나는 이 세상
우리서이가 되니 더 좋습니다.

엄마가 없는 우리 집

침대에서 씨름을 해도
침대에서 로데오 놀이를 해도
괜찮아, 엄마가 없잖아.

아빠와 순례 놀이를 해도
욕실을 엉망으로 만들며 목욕을 해도
괜찮아, 엄마가 없잖아.

기름을 튀기며 요리를 해도
개수대에 설거짓거리가 산더미가 되어 있어도
괜찮아, 우리 집엔 엄마가 없잖아.

침대가 왜 이 모양이야.
목욕탕이 엉망이잖아.
주방이 이게 뭐야.
따라다니며 잔소리할 엄마가 없잖아.

그런데
기분이 이상하다.

아빠와 잠을 자려 하지만
나의 마음은 허전하고
엄마가 너무 보고 싶다.

나는 엄마 전화에 "엄마 보고 싶어 앙-"
하고 울음을 터뜨리고 말았다.

아내가 없는 우리 집

아내가 3박 4일로 회사에서 여행을 갔다.

딸과 침대에서 씨름을 해도
신나게 로데오 놀이를 해도
어째 예전처럼 신나지가 않다.

순례 놀이를 해도
욕실에서 재미있게 놀아도
예전만큼 재미가 없다.

먹고 싶은 것 마음대로 먹어도
하고 싶은 것 뭐든 다 해도
마음이 즐겁지가 않다.

나의 마음은 허전하고
우리 딸도 침울해져 있다.

아내에게서 전화가 왔다.
우리 딸이 전화를 가로채

"엄마 보고 싶어 앙-" 하고
울음을 터뜨리고 만다.

우리 집 풍경

언제나 나와 딸은 호들갑을 떨며 놀아 댄다. 침대도 엉망으로 만들고 욕실도 엉망으로 만들고 거실도 엉망으로 만들어 놓으며 논다.

아내는 우리가 엉망으로 만들어 놓은 집을 청소하며 잔소리를 해 댄다.

잠을 잘 때는 언제나 나는 딸 방에서 책도 읽어 주고, 장난도 치고, 때로는 새벽까지 수다를 떨다가 딸이 잠들면 그때야 잠들어 있는 아내 옆으로 건너온다.

이러한 일은 아마 우리 딸이 중학교 1학년 때까지는 매일 이어졌고 그 이후에도 딸이 요청이 있을 때면 언제든 딸을 재워 줬었다.

하지만 아내가 회사 일로 여행이라도 가게 되면 우리 집 분위기는 이상해진다.
평소에 잔소리하는 아내를 피해 다니며 놀았었는데, 그래서 아내가 없으면 마음껏 놀고 더 재미있게 놀 것 같은데.

우리는 어떤 놀이를 해도 예전만큼 신이 나지 않는다. 그리고 마음이 허전하고, 우리 딸은 엄마 언제 오느냐고 보챈다.

그러다 아내에게서 전화라도 오면 딸은 엄마가 보고 싶다며 펑펑 울어 댄다.

중학생이 되고 고등학생이 되면서는 울지는 않지만, 아내가 없으면 딸과 나는 많이 우울해진다.

물

때론
무서운 태풍 되어
세상을 뒤엎기도 하고

때론
성난 파도 되어
세상을 삼킬 것 같지만

때론
이른 아침
하얀 안개비 되어
이름 없는 풀잎에
한 방울 이슬로 맺힌다.

때론
매서운 한파에
세상을 얼려 버리고

때론

폭설이 되어
세상을 뒤덮어 버려도

때론
두꺼운 어름 속
한 마리 물고기는
평안한 쉼을 얻는다.

이 세상이 강자에겐 한없이 약하고, 약자에겐 한없이 강하다는 생각이 든다. 하지만 물은 모두에게 공평한 것 같다.
  사랑하는 내 딸아!
  우리 딸도 물처럼 강한 듯 약하고, 약한 듯 강한 사람이 되길 바란다.

가맥집에서

황태에
맥주 한 잔.

우리는 맥주 한 잔에
감히
인생을 논한다.

아빠는 우리 딸이 대학생이 되면 호프집에서 우리 딸과 맥주 한잔 마시고 싶었다. 그런데 그 작은 소망이 대학 3학년이 되고도 한참 지난 어제(2018년 9월 15일)야 이루어졌다.

우리는 전주 객사에 있는 전일 슈퍼에(가맥으로 유명한 집) 갔다.

맥주 한 병에 황태와 갑오징어를 시켜 놓고 힘들었던 엄마 아빠의 옛날이야기와 우리 딸이 자라면서 느꼈던 엄마 아빠에 대한 이야기들을 하며.

우리는 맥주 한 잔에 감히 인생과 삶을 이야기했다.

동행

어렵고 힘들었던 그 시절
위로가 되어 준 사람
그 사람이 바로 너였다.

캄캄한 어둠 속
한 걸음 한 걸음이 쉽지 않았지만
너는 나의 손을 잡아 줬고

힘들고 지쳐
주저앉고 싶을 때
넌 여전히 내 손을 놓지 않았다.

우리가 함께한 시간들이
이제는 반으로 접혀 간다.

앞으로 우리에게
어떤 일이 닥쳐와도
이젠 내가 너의 손을 놓지 않으련다.

어렵고 힘들었던 그 시절
캄캄해서 앞이 보이지 않던 그 시절
나와 동행이 되어 준 사람
네가 있어
나는 외롭지 않았다.

함께

같은 곳을 보고

같은 생각을 하며

같은 행동을 할 수는 없어도

너와 나

그리고 우리는

서로를 품고

서로를 이해할 순 있다.

  이 세상은 달라도 너무 다른 사람들이 함께 모여 사는 곳이란 생각이 든다.
  그래서 이 세상을 지혜롭게 사는 방법은 우리가 다르다는 것을 인정하고 다름을 존중해 주는 것이 아닌가 하는 생각도 한다.

엄마와 아빠는 달라도 너무 달라서 처음에는 힘들었던 기억이 난다. 하지만 언제부턴가 엄마 아빠는 그 다름을 인정하기 시작했고, 서로를 품고 서로를 이해하며 살아가는 지혜를 터득했던 것 같다.

사랑하는 딸!
너도 언젠가 너와 너무도 다른 사람과 손을 잡고 인생을 살아가야 될 때가 올 것이다.

어쩜 너도 처음엔 힘들 수도 있다. 하지만 되도록 빨리 다름을 인정하고 서로를 이해할 수 있는 지혜를 터득하기 바란다.

다리 묶어 달리기

게임 중 이인삼각 삼인사각처럼 다리 묶어 달리기가 있다. 다리 묶어 달리기는 누구 하나 빠르다고 승리할 수 있는 게임이 아니다. 이 인 또는 삼 인이 순서에 맞춰 일정한 보폭으로 넘어지지 않고 달리는 것, 그것이 이 게임에서 승리할 수 있는 유일한 방법이다.

우리의 삶도 그렇지 않을까?
혼자 사는 삶이 아니기에 사랑하는 사람들과 어깨동무하고 서로에게 동행이 되어 한 발 한 발 앞으로 나아가는 것 그것이 행복한 삶을 살아가는 방법이 아닐까 생각한다.

결혼이라는 것이 그렇다.
그동안 나 혼자 달리던 게임에서 서로의 다리를 묶어 달리는 게임이 되는 것이다. 처음에는 불편할 것이다. 처음에는 발이 얽혀 넘어질 때도 있을 것이다.
하지만 곧 깨닫게 될 것이다.
내 주장보다 상대편을 배려할 때 앞으로 나아갈 수 있다는 걸.

사랑하는 아이들아!
너무 빨리 달리려 하지 마라. 서로를 배려하며 서로 손잡고 한 발 한 발 꾸준히 앞으로 나아가라.

 불현듯 남아프리카공화국 대통령이었던 넬슨 만델라(Nelson Mandela) 대통령이 자주 사용했던 아프리카 코사족(Xhosa)의 속담인 '빨리 가려면 혼자 가고, 멀리 가려면 함께 가라'는 속담이 생각나는구나.

동행이 되어 준 사람들

'부모님이야 당연하지, 당연히 부모라면 자식과 동행이 되어 줄 수밖에 없지!'

나는 그런 줄 알았다. 하지만 요즘 뉴스를 보면 그렇지 않은 부모도 많다는 걸 알게 되었다.

나는 불행히도 너무도 가난한 가정에서 태어났다. 하지만 너무도 다행한 것은 우리 엄마는 어떤 엄마보다 우리를 사랑했고 우리를 간절한 마음으로 바라보며 우리의 손을 한 번도 놓지 않고 험한 길을 걸어오셨다.

참으로 가난한 어린 시절, 때로는 가난해서 원망했던 철 없던 시절도 우리 엄만 언제나 미안한 마음으로 우리와 같이했고, 미안해서 혼자서 많이도 울었던 것 같다.

'부부라면 당연하지. 배우자가 힘들면 힘이 되어 주고 사랑으로 이겨내는 것, 어떠한 일이 있어도 손을 놓지 않고 동행이 되어 주는 것 그것이 부부인 거지.'

나는 그런 줄 알았다. 하지만 아무리 부부일지라도 힘들고 어려우면 언제라도 손을 놓고 각자의 삶을 살아가는 사람들이 너무 많다는 걸 알게 되었다.

아내는 오히려 나보다 더 가난하고 어렵게 자랐다. 그래서 내가 청혼했을 때 가난이 싫다며 나의 청혼을 거절한 적이 있었다. 당연히 우리의 신혼은 너무도 가난하게 시작했다.

결혼 2년 차 우리 딸이 태어난 직후 나는 사정상 직장을 그만두고 너무도 힘든 시기를 보냈다.

힘들었던 많은 시간, 나의 마음은 무척 좁아져 있었고 그때 아내의 사소한 말 한마디도 자존심이 상해서 화를 내던 시기가 있었다. 하지만 아내는 그런 나의 손을 놓지 않고 기다려 줬다.

자식이라면 당연하지. 내가 누구 때문에 이렇게 열심히 사는데 자식이라면 이런 부모 마음을 다 이해해 줘야지.

자식이라면 당연히 부모 마음을 이해해야 되는 것으로 알았다. 나도 그러지 못해 놓고.

어느 날 "아빠는 대학까지 나와서 왜 하필 과일 장사야?"라는 딸아이의 말에 충격을 받은 적도 있었다. 하지만 우리 착한 딸은 아빠인 나의 말에 펑펑 울며 아빠를 이해해 줬고 심지어는 자랑스럽게 생각해 줬다.

나와 동행이 되어 준 사람들.

부모, 형제, 아내와 딸이 먼저 생각이 난다. 이들이 나의 손을 놓지 않고 어렵고 힘들 때 함께하며 나와 동행이 되어 준 사람들이다.

내가 어렵고 힘들어도 넘어지지 않고 지금 이렇게 서 있을 수 있었던 것이 어쩌면 나의 힘이 아닌 나와 동행이 되어 준 소중한 사람들이 있기에 가능한 일이었던 것 같다.

10장

소 통

서로를 바라보고 안아 주며 지켜보는 것
그리고 끝까지 믿어 주는 것

소통

너의 언어를 배워 노래하니 네가 웃더구나.
너와 눈높이를 같이 하니 이야기가 되더구나.
나의 고집을 꺾으니 너와 마음이 통하더구나.

그런데
언제부턴가 너도 나의 언어로 이야기하더구나.
너도 나와 눈높이를 같이 하려 노력하더구나.
너도 너만을 고집하지 않더구나.

소통하기 위해서는

서로 소통한다는 것이 쉬운 것 같지만 사실은 어려운 것이다.

우리에게는 누구나 자신만의 언어가 있다. 우리는 서로 열심히 이야기를 한다. 하지만 이야기를 하면 할수록 가슴은 답답하고 서로의 마음은 멀어지는 것 같은 기분이 들 때가 있다. 상대방의 언어가 아닌 나만의 언어를 고집하기 때문이다. 이들은 가면 갈수록 입을 닫고 마음을 닫고 자기만의 세상을 만들며 살아가려 할 것이다.

서로 소통하기 위해서는 상대방의 언어를 배워야 한다.
하지만 상대방의 언어를 배운다는 것이 그리 쉬운 일만은 아니다. 상대방의 언어를 쉽게 배우는 것은 상대방의 말을 많이 들어줘야 한다. 그리고 많이 웃어 주고 때로는 같이 울어 주고 때로는 따뜻하게 안아 주며, 지긋하게 지켜봐 줄 줄 알아야 한다.
그리고 무엇보다 중요한 것은 언어는 살아 있는 생물이라는 것이다.

우리의 언어는 시간에 따라 장소에 따라 기분에 따라 수시로 변한다. 그래서 우리의 소통이 단절되지 않기 위해서는 쉼 없는 노력이 필요하다.

너와의 처음 대화

너와의 처음 대화는
수줍은 듯 붉은 얼굴을 하고 아빠를 쳐다보는 것에서부터 시작되었다.

때로는 활짝 웃어 줌으로 너는 이야기를 했고
때로는 칭얼댐으로
때로는 아래턱을 바들바들 떨며 울어 댐으로 너는 이야기했다.

엄마 아빠는 너와 눈을 맞추며 너에게 답해 줬고
너의 축축한 기저귀를 갈아 줌으로
너에게 맛있는 만찬을 제공함으로 대답을 해 줬다.

너는 엄마 아빠의 호들갑스러운 몸짓에 웃어 줬고
너는 엄마 아빠의 따뜻한 눈빛에 사르르 잠이 들었다.

우리의 소통법

아빠는 소통이란 장을 가장 마지막으로 쓰고 있다.

에필로그 1을 쓰고 나서도 한참 후에야 소통에 대해 쓰기 시작했다.

아빠는 거창한 소통을 이야기하려 하지 않는다. 우리 집에서 경험했던 소소한 소통에 대해 생각하려 한다.

사실 엄마 아빠도 신혼 초에는 서로 소통이 되지 않아 많이 싸웠던 기억이 난다.

소통은 논리적으로 이야기하는 것만이 소통이 아니다. 먹고 마시고 자고 하는 하나하나의 일들이 소통이다.

엄마 아빠는 결혼 전에는 우리가 서로 다르다는 걸 미처 깨닫지 못했다. 결혼하고서야 우리가 부딪치는 하나하나의 일들이 서로 다르다는 것을 깨닫게 되었다. 처음에는 다르다는 것을 인정하기보다 서로 자기를 주장하기만 했던 것 같다. 그래서 결혼 초에는 사소한 일들에도 많이 싸웠다.

우리가 서로 소통하기 시작한 것은 서로의 다름을 인정하면서부터였다.

사랑하는 딸!
하지만 너와의 소통은 엄마와는 조금 다른 차원의 노력이 필요하더구나. 엄마와는 다름을 인정하는 것이 소통의 시작이었다면 너와의 소통은 눈높이를 맞추는 것이 소통의 시작이었던 것 같다.

딸아!
그런데 언제부턴가 그 눈높이를 아빠 혼자 맞추고 있지 않다는 걸 알게 되었다. 이제는 우리가 서로의 눈높이를 조절하며 소통을 하고 있더구나.

우리는 이렇게 소통하는 법을 하나하나 깨닫고, 하나하나 배워 가며 지금의 우리 가정을 이루었다.

소통의 방법

우리는 소통하기 위해서는 많은 대화를 해야 하는 것으로 착각할 때가 많다. 하지만 대화보다 더 중요한 것이 서로를 바라보고 안아 주고 서로를 인정해 주는 것이 더 중요하다.

처음에는 바라보고 안아 주고 인정해 주는 것이 말처럼 쉽지 않다. 그렇다고 바라보고 안아 주고 인정해 주는 것을 절대 포기해서는 안 된다. 처음에는 이러한 것들이 어색할지라도 어느 정도 시간이 지나면 그리 노력하지 않아도 저절로 된다는 것이다.

다음으로 대화하는 법이다. 대화 안에는 언제나 상대방을 인정해 주고 믿어 주는 마음이 기본으로 깔려 있어야 한다. 특히 부모들이 이런 대화에서 취약하다. 부모라는 우월한 힘으로 아이들의 말을 들어주고 인정해 주기보다 자기의 생각을 주입하고 그 말대로 따르기를 강요할 때가 많다. 이런 부모를 가진 아이들은 점점 부모와의 대화에 흥미를 느끼지 못하게 될 것이다.

대화가 단절된 가정을 보면 문제를 자기가 아닌 상대방에게 책임이 있다고 생각하는 경우가 많다. 하지만 단연코 내가 장담할 수 있는 것은 그 가정에서 힘이 가장 강하다고 생각하는 사람에게 책임이 가장 크다고 생각한다. 물론 나의 지론은 가정에서 누가 힘이 강하고 약하고를 따지는 것은 바람직하지 못하다고 생각하는 사람이다.

  나는 위의 글까지 쓰고 마무리를 어떻게 할까 고민하고 있을 때 잠에서 깨어난 아내가 나를 불러 배가 고프다고 한다. 나는 쓰고 있던 글을 잠시 멈추고 냉장고 안에 있던 반찬을 꺼내 놓고, 애호박 된장찌개 하나를 끓였다. 그리고 아내에게 밥을 먹자고 하니 아내는 기운이 없다며 안아서 식탁까지 데려다 달랜다. 아내를 안으려 하니 내 손이 차다며 자신이 일어나 식탁까지 갔다. 우리는 이렇게 아침을 먹고 나는 설거지까지 마친 후 다시 컴퓨터 앞에 앉았다. 그리고 나는 오늘 있었던 아침 식사를 이 글의 마무리로 써 봤다.

  이것이 우리 집 소통의 방법이다.
  아내와 내 딸을 인정하고 대우하며 그들의 자존감을 높여 주는 것.

  그리고 이들에게서 나도 인정받고 대우받으며 사랑과 존경도 받는다.

  이 글의 마무리를 제공해 준 아내에게 감사하다.

  이 글은 2021년 6월 26일 주일 아침에 썼다.

에 필 로 그   1

우리 딸을 이야기하려다 아빠의 인생을 이야기해 버렸다.

처음 컴퓨터 앞에 앉았을 땐 우리 딸만 이야기하려 했는데.

우리 딸 덕분에 풋풋했던 엄마 아빠의 사랑 이야기도 꺼내 보며 가슴 설레는 옛 추억에도 잠겨 봤다.

우리 딸 성장앨범을 한 장 한 장 넘겨 가며 우리 딸 어린 시절과도 만나 봤다.

우리 딸이 태어났던 아름다운 가을밤과 유리 벽 넘어 처음 본 우리 딸, 우리 딸을 처음 안아 본 순간, 모두가 어제처럼 기억이 생생하구나.

우리 딸이 엎어지고 기고 무엇인가를 잡고 일어나더니 드디어 한 발을 띠고 뒤뚱뒤뚱 걷기 시작하더구나.
아빠는 우리 딸의 한순간도 놓치기 싫었다.

어느 날 우리 딸이 "아빠! 나 남자친구 생겼다."라는 말을 했을 때 아빠는 그동안 생각해 왔던 우리 딸 이야기를 책으로 만들기 시작했다.

이제는 책의 많은 부분이 완성되었다.

'2019년 11월 1일' 아빠는 우리 딸에게 우리 딸은 언제쯤 결혼할 생각이냐고 물어봤다. 우리 딸은 빠르면 28살 정도, 늦어도 30살 안에 하고 싶다고 말하더구나.

우리 딸 말대로라면 이 책이 출판되기까지는 지금 시점에서 아직도 5년에서 7년은 남았다는 이야기가 된다.

아빠는 이 시간 동안 이 책을 더 쓰고 때로는 빼고 보완을 해서 좀 더 좋은 책으로 만들려 한다.

2019년 11월 3일 우리 딸을 사랑하는 아빠가

에필로그 2

 2025년 4월 21일, 이제 우리 딸이 정확히 5개월 후면(9월 20일) 결혼을 하게 된다.

 아빠는 아빠가 쓴 원고를 마지막으로 읽어 봤다. 우리 딸과의 추억들이 너무도 생생하다. 너무도 생생한 기억에 때로는 눈시울이 뜨거워지기도 하고, 때로는 웃음이 나오기도 했다. 모두가 소중하고 아름다운 기억뿐이다.

 우리 딸은 신부 입장 때 아빠 손을 잡고 입장해야 할지 아니면 신랑 신부가 동시 입장해야 할지 고민이 많다고 했다. 아빠 손을 잡고 입장하다 잘못하면 결혼식장이 장례식장이 될 우려가 있어서란다.

 사랑하는 딸!
 우리 딸이 어떤 결정을 하든 아빠는 그 결정을 존중할 것이다. 하지만 우리 딸 손을 잡고 입장하지 않는다면 나중에 후회되지는 않을지 하는 걱정은 된다.

 아빠는 이 원고를 셀 수 없을 만큼 읽어 보고 또 읽어 보며 수정하고 더하고 빼 가며 지금의 원고를 만들었다. 하지만 여전히 부족하고 더하고 싶고 때로는 빼고 싶은 부분이 있다. 하지만 이제 출판을 결정해야 할 시간이 되었다.

 2025년 4월 21일 오전 5시 28분, 아빠가 우리 딸과의 추억을 담은 이 원고를 출판사에 클릭하며 송고한 시간이다.

 이 책이 출판되고 나면, 우리 딸과의 인생 2막이 시작될 것이다.

 우리 딸 행복해라.

2025년 4월 21일 우리 딸을 영원히 사랑할 아빠가

아빠가 딸에게

ⓒ 김태경, 2025

초판 1쇄 발행 2025년 7월 4일

지은이	김태경
펴낸이	이기봉
편집	좋은땅 편집팀
펴낸곳	도서출판 좋은땅
주소	서울특별시 마포구 양화로12길 26 지월드빌딩 (서교동 395-7)
전화	02)374-8616~7
팩스	02)374-8614
이메일	gworldbook@naver.com
홈페이지	www.g-world.co.kr

ISBN 979-11-388-4433-8 (03810)

- 가격은 뒤표지에 있습니다.
- 이 책은 저작권법에 의하여 보호를 받는 저작물이므로 무단 전재와 복제를 금합니다.
- 파본은 구입하신 서점에서 교환해 드립니다.